同路基石

成就卓越的企业管理
文化实践

李 川　沈伟民　齐 嘉
赵鹏鹏　杨 丽　卢 洁　　著

机械工业出版社
CHINA MACHINE PRESS

对于企业管理者来说，如何激发员工的主动性，让其自主自发地完成业绩，是管理的一大难题。本书提供的解决方案是，让员工认同企业价值观、遵循企业文化，将自己的成长与企业的发展绑定起来。本书作者将这样的员工称为"同路人"。本书从企业价值观、管理者培养、组织与人、企业文化、通用行为模式等多个维度，以大量真切的案例故事重现了现实工作中面临的"看似熟悉"的问题与挑战，对于如何将员工打造为企业的"同路人"、让员工与企业共同成长，从不同层面给出了逻辑清晰、切实可行的解决方案。

图书在版编目（CIP）数据

同路基石：成就卓越的企业管理文化实践 / 李川等著. -- 北京：机械工业出版社，2024. 11. -- ISBN 978-7-111-76569-1

Ⅰ. F272

中国国家版本馆 CIP 数据核字第 2024JX7451 号

机械工业出版社（北京市百万庄大街 22 号　邮政编码 100037）
策划编辑：康　宁　　　　　责任编辑：康　宁
责任校对：樊钟英　梁　静　　责任印制：郜　敏
三河市宏达印刷有限公司印刷
2025 年 1 月第 1 版第 1 次印刷
145mm×210mm · 8.75 印张 · 3 插页 · 161 千字
标准书号：ISBN 978-7-111-76569-1
定价：69.00 元

电话服务　　　　　　　　网络服务
客服电话：010-88361066　机 工 官 网：www.cmpbook.com
　　　　　010-88379833　机 工 官 博：weibo.com/cmp1952
　　　　　010-68326294　金　书　网：www.golden-book.com
封底无防伪标均为盗版　机工教育服务网：www.cmpedu.com

自　序

　　对于大多数行业以外的人来说，体外诊断都是一个陌生的概念。对于从事相关业务的企业，知道的人就更少了。我在进入体外诊断这个行业之前，对它也知之甚少。正是因为我之前"不在此山中"，所以看问题、解决问题的时候，往往能够别出心裁。

　　在进入体外诊断行业之前，我一直在半导体芯片行业工作。由于行业特性，我常常与各行各业的人打交道，因此观察到了不同行业的特性和差异，看到了独立与融合的统一。

　　进入体外诊断行业后，在其中深耕的这些年里，我将接触的各行各业的管理经验移植到体外诊断行业的管理之中。经过多年的实践，我对企业经营与管理有了更加透彻的认识。作为一家外企，欧蒙医学诊断（中国）有限公司（以下简称"欧蒙"）惯用西方管理思想和各种科学管理工具，这些管理思想和工具有其独到之处。而起源于东方人文哲学的中国管理思想，能够为冷冰冰的科学管理体系补上常常被忽略的"务虚"的部分。西方管理学，追求的是执行力，讲究的更多是效率；而东方哲学，追求的是信任等关系，重视的更多是长期发展。

经营企业，最终其实是经营人心。在竞争激烈的时代，我们看到很多企业高速发展，也看到很多企业无奈止损离场，亲眼见证了很多励志奋斗的故事，也听到过许多令人扼腕叹息的故事。从一个个或正面或反面的案例中，我发现一个规律：

如果员工和企业是"同路人"，有共同的使命、愿景、价值观，有共同的目标和追求，能够相互理解和支持，愿意朝着同一个方向努力，那这样的企业能够在竞争激烈的市场中立于不败之地。

如果让我回望这一路走来，我是怎么带领团队创造十多年来年均复合增长率均高于行业平均增速的成绩的？是怎么带领公司发展成为中国医学诊断事业的重要参与者、中国体外诊断领域的头部企业、自身免疫疾病诊断的领军企业的？我觉得答案有很多，比如人人平等的理念、创业精神、"主人翁"态度、责任感等。这一笔笔隐形的财富，就像是一块块基石，铺就企业走向卓越的道路。而它们都有一个共同的名字——企业文化。

在中国古代哲学思想中，有所谓"阳极阴生，阴极阳生"的转化理念。企业经营亦然。务实的终点，就是务虚。亚当·斯密在《国富论》中提到了一只"手"叫做"市场"，看不见，但可以操控市场；企业当中也有这样一只"手"叫做"文化"，也看不见，但能够影响每个人的认知与行为，决定一个企业未来的极限。

当有朋友建议我写一本关于企业文化的书时，我其实有些犯难。大家都说"授人以鱼，不如授人以渔"，但在企业文化上，其实没什么方法可言。说得粗一些，大家会感觉言之无物，缺乏实际意义；说得太细，又担心别人照抄照搬，效果不佳。回首十多年来，我们的企业文化打造出了一支卓越的团队。企业员工广受行业内外各个公司的欢迎。

在和团队谈及企业管理的实践经验、组织文化建设时，常常会被一些很温暖、很震撼的故事打动。每次内心触动的过程，也是一次以人为镜、自省其身的过程。比起那些枯燥的知识或理念，这些故事更能打动人心，帮助人们实现认知的升华。所以我决定，和管理团队一起，把我们的故事记录下来，以飨读者。

通过还原 96 个鲜活的职场故事，我们把积累多年的管理实践经验和读者分享，希望大家能够从中窥见企业文化这只"看不见的手"是如何潜移默化地影响企业运营的各个模块的，它像一座灯塔，在企业征途中闪耀着光芒。

当然，打破陈规的新路走起来总是不容易的，本书的创作过程比预想的更艰难,管理团队成员之间也碰撞出许多火花。因为管理团队的专业背景不同,管理实践又是一门艺术,无法用统一的标准来衡量,整个创作过程耗费了管理团队的很多时间和精力。但也许这就是一种集体修炼,是一个学习的过程,也是一个知行合一的过程。在创作过程中,管理团队一边创作、一边反思,努力凝练出让团队携手向前的动力。在这个过程中,管理团队的能力也得到了提升,成员们进一步融合在一起,我认为这是比作品本身更有意义的事情。

在中国企业集体崛起的背景下,我们衷心希望,本书能够帮助更多的企业,在建构独特的有价值的企业文化方面,为大家提供新思路。同时,也希望给正在或者有志于从事企业管理的人带来启发和借鉴。更多的故事,等待您去创造!

在此,感谢所有为本书付出精力的人。

李　川

前　言

　　欧蒙目前已经成为中国医学诊断事业的重要参与者、中国体外诊断领域的头部企业、自身免疫疾病诊断的领军企业。在优势领域内，欧蒙长期占据 80% 以上的市场份额，年均复合增长率达到 30%，远高于行业平均水平。

　　公司之所以能够发展到今天的高度，得益于两只"手"：一只是"看得见的手"，就是技术、产品、服务所构成的核心竞争力。这是企业的生存之基。经过团队多年的积累和打拼，目前公司产品和技术被广泛用于自身抗体的快速筛查，涉及风湿、消化、呼吸、皮肤、内分泌、心血管、神经等十余个临床科室相关的百余种疾病诊断。

　　另一只是"看不见的手"，也就是企业文化。这是企业独特的、能够持续发展的源泉。从进入中国市场开始，公司先后经历了快速发展、深耕本土、拓展国际等多个成长阶段。在企业发展过程中，公司的组织结构、形态几经巨变。在这个过程中，企业文化就像一只"看不见的手"，不仅影响着员工个体、整个组织，而且影响到一个企业的风格、未来，让组织充满活力，为企业发展提供持续动力。这就涉及企业组织和企业文化的关系。

技术、产品和服务的优势容易复制，但企业文化的移植却很难实现。本书旨在以我们公司的企业文化实践为视点，通过企业价值观的确立、对管理者的要求和修炼、人才的选拔和培养、工作方法和员工成长等模块，帮助企业发现那只"看不见的手"，并有效驱动它为企业构建起一个可持续发展的文化体系。

为了保证观点和方法的有效性和可用性，本书的内容基本来自内部不同职能部门和专业领域的经理人。他们根据自己的管理经历，以及一个个鲜活、真实的职场故事，在实际的场景中表达感悟，传授经验。这种场景化的表达，有助于大家理解和吸收。对于公司来说，作为一个学习型组织，这也是一场集体探寻管理艺术、开启心智模式的修炼之旅。

公司的文化体系既从中华传统文化中汲取智慧力量，也在实践中运用西方管理理论及现代管理工具，在实操中融合中西思想文化，碰撞出别样火花。

第 1 章，关于企业的价值观的讨论和实践。本章强调公司塑造的价值观在员工关系、社会责任、产品质量、文化价值再造等方面的影响力。其中，一个重要的讨论是，在遇到行为"冲突"

时，如何使用价值观进行行为的最终决策。

第2章，关于管理者的修炼。管理者在日常处理繁杂的管理事务时，如何科学分配时间、如何高效处理和平衡各种人际关系，做好转换角色和决策角色？本章内容围绕管理者在组织中的角色担当，从不同的管理维度进行探讨。

第3章，关于基层人才的培养。组织中的高潜力基层人才，无论在意识形态上，还是能力转型上，都会有积极主动的态度和高效的行动力。企业应该在日常工作中帮助他们淬炼领导力，形成组织和个体的共振，帮助他们成长为组织中的管理者，承担更多责任。

第4章，关于员工人性解冻，建立"主人翁"精神。优秀员工不仅是组织中重要的组成部分，他们的工作态度、行动力能影响整个团队的氛围。让员工以"主人翁"工作态度面对困难、挫折，让好奇心和主观能动性成为员工从平凡通往优秀的阶梯。

第5章，关于员工自我价值的实现。健康的人才体系是企业走向未来的核心竞争力，我们需要确保企业人才涌动、生生不息。而良好的成长环境和宽容的土壤，是保证人才自我驱动成长的重要条件。本章讲述了很多激励人心的员工成长故事，正是自我成长的需求驱动员工追求进步和发展，在工作中获得成就感，这就是积极的正向反馈。

第 6 章，关于"工作方法律"。如果说管理实践是企业持续经营的准则，那么"工作方法律"则是企业保持高效能的一把密钥。我们从"实干家"的角度出发，总结了一些有效的"工作方法律"，其中不乏让人终身受益的好习惯，能帮大家成为自己领域中最棒的人。

每个企业都会打造自己特有的企业文化，由此形成自己的企业风格。这只"看不见的手"几乎决定了企业的发展模式、命运和前景。今天，我们所谈的企业创新力、竞争力，表面上是企业硬实力的综合呈现，但本质上却是"软实力"在发挥作用。

我们衷心希望本书的内容能够为更多的企业提供关于建构独特的、有价值的企业文化的新思路，同时，也希望给正在或者有志于从事企业管理的人，带来一些启发。

目　录

第3章

管理者出自基层   / 093

第4章

自我"人性解冻"   / 137

第5章

自我价值实现

第6章

工作方法律

第 1 章　价值观的确立

01

在选择自身的存在方式时，商业组织往往需要考虑两种截然不同的模式：一种是以功利论驱动，这一模式基于经济学假设；另一种是以德性论驱动，这一模式是从管理学角度思考的。

经济学的很多理论，建立在"假设人的本性是自私自利的"的基础上，对于公司的定义，也是"以盈利为目的的社会经济组织"。以利润为出发点，难免会遵从功利论，战略选择、经营和组织建设也以创造利润为目的。这样的公司，往往会滋生狼性文化。但不胜枚举的案例证明，过度张扬狼性文化，可能导致企业内部人际关系紧张等，影响企业的长期发展。

从管理学角度出发，企业会更倾向于遵从德性论，不是单纯考虑利润层面的问题，而是更加全面地考虑问题。我们必须问自己：哪些是应该做的，哪些是不可以做的？哪些是利他的，哪些是有害的？每一种选择，都能反映一家企业的价值观。

一家有志于成为卓越组织的公司，会基于德性论来构建价值观体系，这包括员工地位的认定、社会关系课题、产品质量与责任、公司文化价值再造、权力与制度关系等方面。

心心相印的"家文化"

将企业伦理与中华传统"家文化"理念相结合，就形成了典型的中国式企业理论特色，并以此为基础衍生出了企业的价值观和行为模式。

这在很大程度上是受到"修身齐家治国平天下"的儒家思想的影响，先修炼好自身，再经营好自己的小"家"，然后经营好企业这个大"家"，我们才能到达更高的层次。

既然是用儒家的方式来治理一家企业，那"家和万事兴"自然也就成了最高的目标。作为一家致力于可持续发展的公司，我们一手抓科学管理，一手抓"家文化"思想建设，最终形成了自己的企业文化体系。

故事一：属于自己的歌

企业文化无形无质，想要真正有效传播企业文化，通过企业文化来影响每个员工的认知，往往需要用某种载体将企业文化具象化。在大多数企业当中，文化具象化是通过文化墙、文化手册等形式实现的，但我们公司选择了一种特殊的形式——歌曲。

在 2021 年年初的年会上，公司发布了一则出乎意料又振奋人心的消息：我们就要有一首自己的歌了，这首歌的名字叫《同路人》。其实在此之前，不少人已经听到了从办公室里传来的断断续续的钢琴声和此起彼伏的歌声。大家也都在好奇：这是什么歌？又是谁在唱歌？直到年会时公布了消息，大家才知道了歌声的出处。

年会上，主创人员受邀上台，讲述了这首歌的创作故事，并演唱了这首歌。欢快又不失抒情的旋律，励志又满是温暖的歌词，让人听了心潮澎湃。员工们不禁想起在公司的那些时光，纷纷感叹，一路走来，真像歌词中说的那样，挥舞隐形的翅膀，腾空起飞，哪怕天空满是乌云阴霾，携手并肩，我们逆风而行……

在 2022 年年初的公司年会上，《同路人》MV 正式发布。当一个个同路人出现在镜头里，大家仅凭一眼捕捉到的神态和动作，就能分辨出熟悉的他或她。听着熟悉的歌声，望着屏幕里熟悉的张张笑脸，我们深切感受到了如家庭般的温暖，以及公司带领全员走向美好未来的信心和决心。

相较于文字或者图像，歌曲更能够感染人心。一首由公司员工自己创作的歌曲，比墙上的标语和口号，更容易提升公司员工的凝聚力、向心力和对公司的忠诚度。

故事二：小善大爱

"家文化"的逻辑其实很简单，就是在员工和企业之间建立紧密的情感连接。企业要主动迈出第一步，让员工感受到企业虽然是工作的场所，但在严肃、理智之外，也存在温暖与关怀。

小李（化名）是一名刚刚毕业的大学生，通过校招加入公司。因为家境一般，所以小李十分珍惜这个机会，他努力学习、工作，仅仅用了一年多的时间，就能够独当一面。对于现在的工作，小李特别满意，用他的话说，"终于可以让父母过上好日子了"。

可是天有不测风云，小李的父亲突然查出了癌症，高昂的治疗费用让本来就不富裕的家庭雪上加霜。第一个疗程就花光了家里本就不多的积蓄，还欠下了很多外债。眼看第二个疗程的费用完全没有着落，本来就不善表达的小李，更加沉默寡言了。

虽然小李只字未提，但细心的同事们还是发现了一些端倪，过去认真工作的他，突然一反常态，经常要抽空回老家，有事找他的时候，他也没有原先那么反应迅速了。同事们隐隐觉得小李的家里可能出事了。有一次，借着小李来请假的机会，主管老周（化名）关心地问他缘由，这才了解到他父亲的情况。当时，老周只告诉他一句话："放心工作，你不是一个人，我们都会支持你。"

同事们得知小李的情况后，想出各种办法帮助他，有的同事帮忙联系医院专家咨询治疗方案，有的同事帮他在大病筹款平台上筹措医疗资金。老周向直属上级汇报此事后，上级很快在公司的工作微信群里发起了募捐。同事们都伸出了援手。有的同事还将筹款的链接发到自己的朋友圈中，尝试为小李争取到更多的帮助。

在公司和同事们的帮助下，很快，小李父亲第二个疗程的费用就凑齐了。后来在一次聚会上，小李说，他在公司里深切体会到了家人般的关爱和善意，"你不是一个人"这句话暖人肺腑。他感谢公司为他提供的帮助，感谢同事和领导们支撑他走出生活的困境。

很多时候，说不如做。情感永远都是双向的，与其说很多冠冕堂皇的话，不如为员工做一些实际的事情。只要你愿意首先迈出第一步，员工往往会用更高的忠诚度和积极性，给予企业更多的回报。

管理点评

企业文化的塑造，通常会面临一个重要的问题：对于员工、股东、客户三大利益相关方的处理。这个问题直接影响到企业的价值观定位，任何一种选择，最终都会影响到企业性格以及文化特征。

选择以股东的利益为先的企业往往难以平衡员工利益和客户

利益。尤其是员工，经常会成为被牺牲的角色，被用来换取更漂亮的财务数据。而选择客户第一，通常会让狼性文化盛行，将企业自身利益前置，忽视员工和股东的利益。

相较而言，把员工放在首位是更好的选择。我们始终认为，重视员工，将员工放在首要位置，员工才会对公司产生归属感和忠诚度，主动善待客户，推动公司创造更好的业绩，从而为股东创造更多的回报。这是一个良性的"顺时针文化循环"的过程，这种"家文化"会推动公司持续健康发展。

当然，形成良性循环的前提是"家文化"的建设不是喊口号，不是给员工"画大饼"，而是从点滴做起，真正地善待员工。哪怕只是一首不那么流行的歌，哪怕只是困难时一点小小的帮助，都能让员工感受到"家"的温暖。所以，在任何时候都不能忽视温情和安全感带来的力量。

人人平等背后的"秘密"

在企业经营管理过程中，为员工创建一个平等、公正的工作环境非常重要。它不仅能营造良好的工作氛围，还能为个人与团队的合作共赢打下基础。在企业中，员工之间、部门之间，只有分工不同、岗位不同、职责不同，没有谁高人一等，大家都是奋斗路上互相帮助的同路人。

然而，工种、职能的多样性和性别、年龄等个体的差异化，让我们在创建"平等"文化的同时，需要有更多维度和更深层次的思考。

故事一：人人平等

企业要践行平等文化，光喊口号和贴标语是没有意义的。只有管理者在日常工作和生活中时刻注意自身言行，从思想上意识到自己和员工是一种合作共赢的关系，才能真正建立起平等的文化。

小张（化名）是新加入设备管理部的员工，平时工作非常严谨。他第一次工作汇报就得到了主管老叶（化名）的肯定："你才来公司不到半年，对公司的设备情况就已经了解得很清楚，也发现了其中的很多问题。针对你发现的这些问题，你来谈一谈解决这些问题的关键是什么？"

得到了主管的认可，再加上早就对这个问题做过一定的思考，小张不假思索地说："现在咱们的设备经常停机，技术人员检查了很多次，都没发现设备有问题，我分析大概率是工人操作不当引起的。"

看到主管点头认可，小张继续侃侃而谈："设备一停机，直接影响咱们的生产效率。我会和生产主管开个会，提出工人操作存在的问题，提醒他必须高度重视，加强员工培训和现场管理。同时，我会要求工程师下到一线车间，监督工人正确操作设备！我相信……"

"下到一线？"老叶温和地打断他说："请不要用'下到一线车间'这个说法，办公室员工和生产车间员工都是平等的，目标也是同样的，都是为了控制好成本和提高产品质量，没有所谓的'下到车间'和'上到办公室'这种说法，应该讲'进车间'。我们虽然身在管理岗位，但切忌把自己和自己的部门放在一个监督者的位置上。一线工人很忙，你们进车间是去帮助他们解决问题，而不是监督。虽然只是一个字的不同，但背后反映出的是我们的理念和价值观。"

是否被平等对待，员工是能明确感知到的。企业只有搭建一个团结平等、合作共赢的平台，才能激发员工的积极性和创造性，进而为企业创造更大的价值。

故事二：一视同仁

公平公正的企业文化不仅能够吸引和留住人才，还能获得员工的信任，激发员工的自驱力和潜能，进而更好地为企业提供服务。

　　小莉（化名）在进入公司前，经历了几次其他公司的面试，都未能签约。她发现，面试官对她的工作经验和个人能力都很满意，但一谈到自己刚刚结婚、还未生育，她就会明显感到面试官的犹豫。所以，在接到公司面试邀约的时候，小莉既期待又担心。

　　小郭（化名）是小莉的面试官。面试当天，公司恰巧没有空余的会议室，人力资源部只好帮小郭临时借用了哺乳室来开展面试工作。

　　面试过程非常顺利，小莉的业务素养和发展诉求与公司的职位要求非常匹配，而小莉也非常认同公司的价值观和文化理念。在提问环节，小莉虽然很担心自己会像以往一样，因为已婚未育的缘故失去机会，但还是鼓足勇气将自己的担忧问了出来："我近两年有生育的打算，可能会影响一段时间的工作。不知道贵公司在不在意？"

　　小郭愣了愣，斩钉截铁地回答道："我们更看重能力和人品，无论是已婚未育还是未婚未育，我们都一视同仁。"

　　就这样，小莉顺利加入了公司。同事问小莉："我听说你来公司之前，有很多其他单位都中意你，你为什么会选择加入我们？"

"不是你想的那样，"小莉微微一笑，说道："我面试了很多公司，真正给我肯定答案的只有咱们公司，我觉得这就是最好的安排。我当时是在哺乳室面试的，这间哺乳室给我留下了很深刻的印象。所以我相信小郭的话，这家公司能给职场女性真正的平等和尊重，能加入咱们公司是我的运气。"

入职后，小莉凭借自己认真的态度和超强的业务能力，很快适应了公司的工作节奏，并逐渐独当一面。在这个过程中，她也成了母亲。当初面试时的那间有着红色沙发和金色阳光的哺乳室，陪伴她走过了许多辛苦却温馨的时刻，也陪伴她走向更加丰富多彩的人生。

真正的公平公正，绝不是一句空话。一间哺乳室，一个机会，一声肯定，这些能让员工真真切切感受到的东西，才能让公平公正的文化深植人心。

管理点评

地球因物种的多样性而生机盎然，一家企业也会因员工的多样性而更具活力和创造性。

多样性也会为管理带来挑战。性别差异、学历和背景差异、年龄差异、世界观差异、认知差异，面对如此多样的员工，如何让统一的经营管理理念和企业文化得到每位员工的认可和有效的传播，这是很多企业面临的棘手问题。

在许多国外企业中，员工的多样性管理被认为是一项需要细分的管理课题。他们提出了一个命题：多样性等于经济效益吗？

而在国内，员工多样性的问题也受到越来越多企业的关注。如何解决因员工多样性而产生的冲突？如何让具备多样性的员工，在企业经营管理中各尽其能、创造更多的价值？

我们强调，要把企业作为全体员工为了一个共同目标而努力的载体。同时，我们还要有更开放、更包容的企业文化去支撑员工的多样性。

在这个过程中，企业文化就像一只隐形的手，随时调整因多样性和差异化带来的文化偏移问题。

员工的感知，是组织活力的来源

企业是由人组成的组织，为了让组织更有活力，需要员工与企业之间建立起长期紧密的、互相信任的关系。这种关系会促进企业的高效运转。因此，企业应始终将员工视为最宝贵的财富，对员工的付出和贡献表示认可，时刻让员工感受到企业的关爱。

正如孟子所说："爱人者人恒爱之，敬人者人恒敬之。"在组织与人的关系中，作为资源更多、综合力量更强大的一方，企业如果能够设身处地地为员工着想，关注员工的健康和切身利益，员工必将团结奋斗，创造更多的价值回报企业。

故事一：暑期托管班托起员工归属感

有效的员工关怀和支持不仅可以提高员工的工作满意度和忠诚度，还能够对组织的整体绩效产生积极影响。

李姐（化名）是一名资深工程师，平时工作表现非常优秀，但最近领导发现她有些心不在焉，于是找到她了解情况。原来暑期来临，李姐的孩子在家无人看管，她总是担心孩子独自在家会出意外或是无法管理好自己。有时候，她不得不把孩子带到公司，不仅影响了自己，还给他人带来不便。

公司管理层了解到这一情况后，发现公司里还有不少员工都面临类似的困境。为了帮助员工们解决这一难题，公司经过认真规划，决定为员工子女特别开设暑期托管班。

李姐得知公司要开设暑期托管班后第一个报名参加，她十分激动地说："这个暑期托管班真是开到我心坎里了。它帮我解决了后顾之忧。我可以心无旁骛地工作了！"

虽然对企业而言，举办暑期托管班需要解决场地问题、师资问题，还有重要的餐饮安全问题，但是在管理层和员工志愿者的大力支持下，这些问题被逐个击破。暑期托管班一经推出，立即获得了众多宝妈、宝爸的热烈响应，大家纷纷报名参与。在这里，孩子们不仅能高效完成暑假作业，还可以参加形式多样的兴趣班和主题课程，如书法、绘画、播音主持、职业体验、国学等。除了收获丰富的知识与实践体验，孩子们还能结识新朋友，度过一个充实、多彩、有意义的暑期。

暑期托管班不仅解决了员工们的"燃眉之急"，让他们不再需要为孩子的暑期安排而烦恼，可以全身心地投入到工作中，而且为员工和孩子创建了和谐的交流空间，使亲子关系更加亲密，让家人更理解和支持员工的工作。

类似这样的举措不仅提升了员工的归属感和满意度，也进一步增强了公司的凝聚力和向心力。

故事二：创建健康运动氛围

员工是企业的"第一生产力"，员工的健康是支撑企业正常运转的关键因素，关乎企业竞争能力能否持续提升。现在，很多企业越来越注重员工的健康管理，设置了多种多样的健康福利，比如开展健康体检、设置新风系统、提供运动场地、组织健身活动等，帮助员工强身健体、释放压力。

　　本着"企业与员工共发展"的理念，我们公司经常举办跑团活动，到现在已经连续举办了 4 年。开展跑团活动，一方面是为了营造运动的氛围，倡导绿色健康的理念，另一方面是为了帮助员工养成运动的习惯。

　　跑团活动的时间非常灵活，上下班路上、午休期间、傍晚时分，大家在碎片时间不约而同地打开运动软件，抱团约跑。"3、2、1，开始跑步……"熟悉的提示音开启酣畅淋漓的运动时光。

　　作为员工关爱计划之一，跑团活动对于每个人的意义并不完全相同：有的人觉得它是一个运动爱好，有的人把它视作一种打卡游戏，还有的人把它当作一种公司的福利……无论把它看作什么，跑团活动已经帮助公司很多员工养成了运动的习惯，一些员工累计跑步里程已经超过 1000 千米，所有员工累计跑步总里程更是超过 30 万千米，坚持每次参与的人数占比超过 70%，成为公司活跃度最高的员工活动。很多员工会在跑步途中相遇，共同完成里程目标，分享运动后的成就感。

　　为了帮助员工建立起运动的习惯，引导大家积极锻炼，公司精心规划了活动的形式，每期都有新玩法，不仅设置了组队约跑环节，增添运动的乐趣；还设立了积分奖励机制，很多员工都说活动很有趣，对个人健康也有很大的帮助。

　　30 多岁的小李（化名）曾经体态略显丰盈，在浓厚运动氛围的感染下，她尝试参加了跑团活动。开始时她非常不适应，但为了不给小组成绩拖后腿，即便气喘吁吁，她也会完成目标里程。在组员的鼓励下，她坚持打卡，养成了每天运动的习惯。坚持完两期活动后，小李发现自己的身体发生了明显的改变，不仅可以轻松跑完每天的目标里程，精神也愈加饱满，更重要的是，她体会到了运动带来的成就感。后来，她开始接受专业教练指导，经过一年多的坚持，小李的体重比之前下降了 20 斤。随着身形和体质的改变，小李在工作中也变得更加自信和活跃。而且，运动带来的变化还影响了她的家人和朋友。大家的生活都在因为运动而变得更加健康和美好。

　　还有很多员工参加跑团运动后，虽然没有建立起对跑步的爱好，但也开始拓展自己的运动爱好，建立起良好的运动习惯。

　　入职 3 年的小王（化名）参加跑团后，就开始喜欢上了运动，并加入了羽毛球俱乐部、游泳俱乐部。刚加入羽毛球俱乐部时，他连球拍都握不稳，但在同伴们的帮助下，他不断累积实战技巧，曾经的"初级菜鸟"如今已成了驰骋球场的高手。小王认为这些尝试使自己变得更加自信、阳光，现在的他也会热心帮助新加入的伙伴享受运动的乐趣。运动成了增进同事间友谊的桥梁。

积极向上的运动氛围，健康文明的生活方式，不仅可以帮助员工强身健体，还能提升工作效率，增进团队协作与默契，促进企业的长远发展。

管理点评

关于薪酬管理，即使是那些经典的教科书，也会将重点放在薪酬构成的第一、第二、第三类元素上，也就是固定薪酬、浮动薪酬和长期激励。但在福利问题上，这些教科书要么蜻蜓点水、一带而过，要么干脆不涉及。

但是，作为企业总体薪酬中非货币性开支的间接报酬部分，福利至少在四个方面影响着企业的管理：

其一，福利具有传递企业理念的功能，能够让员工直观地感受到企业文化、价值观和管理导向；

其二，福利有助于构建企业良好的社会形象，提高企业的美誉度；

其三，福利有助于企业吸引和保留人才；

其四，福利能给员工提供有效的保障，让员工不必为疾病、养老、饮食、住宿等操心，有助于让员工全身心地投入工作中。

换句话说，福利具有管理和文化的双向功能。福利安排会从心理上影响员工对企业的情感和评价。

从管理角度来看，与基本薪酬、激励薪酬不同，福利属于人人有份、人人平等的一种薪酬形式。而在一些特定的时期，福利能够事半功倍地强化员工对企业的向心力和凝聚力。

责任，来自选择和坚持

"君子重义而轻利"是儒家思想倡导的价值取向，也为企业树立健康的价值观明确了方向。企业不应以追求名利为唯一目标，而应将承担社会责任作为文化基底和行为指引，以实际行动践行社会责任，并向员工传达相应的价值观。

事实上，只有具备社会责任感的企业才能吸引和培养出具有责任心的员工。而员工的责任心，正是企业高速发展的内驱力。员工只有具备了责任感，才会充满激情地投身到自己的工作与事业中。

故事一：因爱而温暖

回馈社会，奉献爱心，为公益事业贡献更多的力量，让更多需要帮助的人感受到温暖，是企业应尽的社会责任之一。

2022 年的冬天似乎比往年更冷一些。11 月，北京就迎来了初雪。志愿者小张（化名）将采购来的围巾、手套、保温杯等物资装进 250 个小书包里，走进河北偏远地区的一所农村小学。这些小书包承载着公司与员工们满满的"爱心"，能够帮助当地的孩子们温暖过冬。

从 2010 年开始，公司就发起了爱心帮扶项目，希望通过捐赠图书、教学用具等爱心物资，帮扶打工子弟学校和贫困地区学校的孩子。经过多年运行，该项目已持续向农村小学提供图书、电脑、教学、志愿者活动等多项援助。截至 2022 年年底，爱心帮扶项目已累计捐赠 180 台电脑、超过 22000 册图书、1000 余套过冬物资，开设了 50 余节爱心课堂。

"爱心温暖包"是这次农村小学扶助活动中临时添加的项目。小张在进校考察时发现孩子们简陋的校舍无法抵御严寒。那一张张冻得发红的小脸和一双双皲裂的小手，让小张倍感心酸。于是，她当即向公司提报了这个"爱心温暖包"方案，没想到立即就被采纳了。在这次公益捐助中，除了这些"爱心温暖包"，公司还为学校搭建了电脑教室与图书阅读室。

小张作为志愿者，亲自到学校为孩子们提供了帮助。还有许多满怀爱心但无法亲赴现场的员工，通过参与"爱心温暖包"的认捐活动，将自己的爱与温暖传递到远方。还有来自北京、杭州、上海等地的员工及家属，为孩子们挑选了优质的儿童读物。

这些点滴爱心的传递不仅为孩子们带来了实质性的帮助，也让公司内部洋溢起一股爱与善意的暖流。

冬季寒风瑟瑟，这所小学里却充满了温暖和喜悦。志愿者们精心准备了生动有趣的志愿者课堂，为生活在大山里的孩子们打开了通往广阔知识世界的一扇窗。当孩子们第一次走进图书室，翻阅着叔叔阿姨为他们精心选购的课外读物，第一次在电脑室敲击键盘打出自己的名字，他们的眼中充满了新奇和喜悦。

在这个寒冷的冬季，这些孩子们在志愿者的陪伴下，度过了温暖而难忘的日子。与此同时，在场的志愿者也深刻体会到自己的点滴善举，可以成为孩子们追逐梦想的力量。

作为企业公益行动的一部分，爱心助学项目并不是单纯的企业捐赠行为，而是员工"爱心"与"责任"的体现。从捐献对象的提案到筹集善款与物资，再到志愿者服务，每个员工都可以参与其中，献出自己的一份爱心。

"如果不是亲身来到这里，我们可能还不知道有这样一群天真烂漫的孩子迫切地需要我们的帮助。非常庆幸自己来到这里，可以为他们做些事情。希望未来还可以更多地参与到这样有意义的活动中，帮助更多的人……"很多志愿者在活动结束后写下了这样的感言，希望让这颗纯粹而美好的"爱心"在更多人心中泛

第 1 章
价值观的确立

起暖暖的涟漪。

可能对很多企业来说，爱心帮扶项目也好，公益事业也好，都是企业积攒声望的一种手段。但在我们看来，品牌形象的提升，其实只是附带的收获，更关键的是我们把这种热心公益的企业文化，深深印刻在了每一位员工心中。

故事二：非常时期，全力以赴

突如其来的黑天鹅事件，往往会给人、组织甚至整个社会带来巨大的冲击。面对冲击，有责任感的企业，首先考虑的是自己能够为客户、为行业、为人民、为国家做些什么，而不是选择独善其身。

对参与试剂研发的同事们来说，2020 年的春节是难以忘怀的。大年初二，公司通知紧急开展试剂研发工作。面对未知的挑战，研发人员既紧张又兴奋，既害怕自己被感染，让家人担心，同时又放不下肩膀上的担子，想要帮助更多的人渡过难关。最终，责任感战胜了诸多顾虑。

正值春节假期，公司办公室里，研发人员却都已回到工作岗位。没有多余的交流，只有简单的问候，每个人都很严肃认真，下定决心要完成这项光荣而艰巨的任务。

最先面临的难题是原材料采购。研发需要的核心原材料有好几种，但市面上能找到的厂家都无法快速发货，也没有适合的物流公司能把材料运到公司所在地。没有办法大范围优选，就只能就近选择。采购员小蒋（化名）不停地打电话，不放弃每一个能买到原材料的机会，遇到合适的就立即下单。

好不容易，一个供应商的原材料被运到公司并投入使用，可后来才知道他们的原材料受到了污染，不但不能继续使用，就连已经得出的检测结果也失去了意义，只能全部废弃。于是，所有工作只能重来。

有些供应商手里虽然有货，但找不到快递承接。于是运营部小张（化名）就当起了快递员，亲自上门取货。就这样，采购部门克服了一个又一个困难，原材料的采购问题终于解决了。

此后的研发、验证、分析……每一项工作，都在和时间赛跑。功夫不负有心人。凭借着不懈的努力，研发团队用最快的速度完成了项目攻关，打赢了这场战役。公司也紧急生产了一批试剂，全部无偿捐赠给医院和相关机构。

企业作为社会的重要组成部分，在创造财富的同时，也必须承担相应的社会责任。勇于负责任、有担当的企业是社会的财富。也只有这样的企业，才能培养出负责任的员工。

管理点评

由麦格劳·希尔公司（McGraw-Hill）出版的《企业伦理学》中，有一个有关企业社会责任的四层架构，其中的第二层架构为慈善模型。

该模型提到，企业的慈善行为往往有两种模式：其一，企业为了获得良好的公共关系、取得税务减免、建立商誉或者为了获得社区中的好名声而进行慈善行为；其二，不是为了声誉、不求任何经济回报的慈善行为。显然，有目的的慈善不是真正具备社会责任感的行动。

其实，消费者的眼睛是雪亮的，谁是为了博一个好名声，谁是真心实意地在做慈善，大家一目了然。

而且，抱着商业目的做慈善，不能教会员工承担责任，反而会让他们唯利是图。这样的员工所构建的团队，往往走不长远，也无法支撑企业的良性发展。

产品质量由企业价值观决定

价值观犹如企业在商业海洋中航行的指南针，有什么样的企业价值观，就会有什么样的管理团队，就会有什么样的员工。

"志存高远，脚踏实地。抬头看远方，低头做手头事。"这是公司给全体员工树立的行为准则，既要脚踏实地认认真真做事，又要仰望星空，以质量出色、价格合理的优良产品为健康事业添砖加瓦。

产品质量是企业最重要的护城河，公司管理层和基层员工要把产品质量放在很高的地位，不能为了个人短期利益，对质量风险视而不见或闭口不言，给企业造成不可负担的风险。企业全体员工要将质量意识融入血液当中，让每个人成为产品质量的第一责任人，上下齐心，以高品质铸就企业未来。

故事一：一条重要指令

产品质量不仅是企业实现高质量发展的抓手和基础，也是企业发展的生命力，直接关系到企业能否实现长远的稳定发展。

有一天早上，技术支持中心的小薇（化名）走进主管老张（化名）的办公室。她面露微蹙、小心翼翼地说道："有产品被投诉了。"

"是技术投诉吗？"老张抬起埋在审核资料堆里的脑袋，直截了当地问道。

通常非技术类投诉，例如订单错误、包装破损等情况，技术支持中心都能迅速、妥善地解决好。他判断一定是遇到了比较棘手的投诉，才让小薇面露难色。

"是技术投诉，而且我们自己也做了验证实验，有可能是产品质量问题。"小薇回答。

每一个技术投诉，都必须慎重对待。在接下来的两个小时里，技术支持中心的所有人，都在查找和分析导致投诉的原因。各种数据信息、分析表格一一被呈现，电话连续不断。终于在下午四点，他们厘清了问题的根源。

原来，是某个产品的原材料出了问题，其"不均一性"导致了最终产品的质量不稳定。根据技术支持中心的验证实验结果推测，大致有 10% 的产品不合格。在此之前，已有十七个产品发到了用户端。为了避免有质量的产品流入市场，质量部立即发出召回书，将已发货的所有产品追回。

"要解决这批产品的质量问题，必须在工序中增加一道程序，但预估会增加 10% 的生产成本。这已经超出了我的决策范围，需要协同生产部立即向公司管理层汇报并请示处理意见。"在追回已发货产品的同时，质量部主管也把投诉处理结论及时反馈给了技术支持中心。公司管理层听取汇报后，迅速发出了一条重要指令：立即优化工序，必须保障产品的高品质。

问题得到了及时的解决，生产和采购部门的同事立即全面检查退回的产品，并找供应商协商处理剩余的原材料。虽然高度紧张的氛围令人疲惫，但所有的努力都是值得的，因为向用户提供高品质的产品，始终是大家共同努力的方向！

在利益面前做出何种选择，实际上是价值观的取舍。价值观反映了对事物的意义、重要性及标准的判断，它就像是指南针，指引着员工把"质量意识"深植于内心。在"推动人类健康发展"使命的引领下，员工们通过"集体行动"确保产品和服务质量，捍卫企业荣誉，共筑企业稳步发展的护城河。

故事二：不让瑕疵品流入下道工序

产品质量是企业的生命线，而捍卫这条生命线，靠的不仅仅是管理者和老板，更重要的是广大的员工。有一句话说得好，员工的责任心是筑牢产品质量的防火墙。

我们公司曾发生过这样一件事，当时生产部门刚下线了一批产品，员工小雨（化名）在登记生产记录时，忽然发现该批产品的实际产量比生产控制系统上的数量少了 10 个。是什么原因造成的呢？她一时没有头绪，急忙向生产线长报告了这个问题。

生产线长是有着十几年工作经验的老师傅，他先让小雨再次核对数量是否准确并确认这批产品有没有可能被误放到了别处。

小雨说："在接班的三个小时里，我连厕所都没去过，自始至终都在岗。我按操作规范把产品装到专用盒子里，没有别人来碰过这批产品，也不会误放到别处。而且，产品数量我已经数了3遍，确实对不上。"

生产线长随后仔细查看了记录单上生产原料和包装袋的投料量，减去产品产量的差额，与现场的剩余物料相符，说明确实没把产品误放到别处。那到底是什么原因造成生产控制系统统计的数量超过实际产量的呢？

生产线长再一次查看了小雨接班时的生产记录，发现当时实际产量与系统上的数量是吻合的。于是他推测，可能是小雨不小心把10张半成品当作生产原料，在机器里重复贴了一遍，也有可能是生产控制系统出了问题。

无论是哪种可能，都是事关产品质量的大事，生产线长当即拍板，把这项误差按照生产事故定性，并向管理层进行了报告。接到报告后，公司管理层认为，虽然贴了2层薄片的产品不影响客户的使用，但属于瑕疵品。出于对"创新卓越"的追求，绝不能让瑕疵品流入下一道成品包装工序，同时必须立即确认生产控制系统统计数字是否可靠。

生产线长根据指示，对该班次生产的500多张成品一个个开袋检查，并在显微镜下一一核实，最终找出 10 张贴了两层薄片的瑕疵产品。到这里，问题终于水落石出，这起事故是人为操作失误造成的，排除了生产控制系统出错的可能。

之后，生产线长对所有本组生产人员再次培训了生产过程中一系列的操作流程规范，重点强调杜绝这类人为失误的发生。自此之后，该部门员工再也没有出现过类似的操作失误了。

千里之堤，溃于蚁穴。只有坚持不懈地严把质量关，才能长期夯实为客户提供高品质产品和服务的基石。

管理点评

通用电气（GE）前董事长兼 CEO 杰克·韦尔奇（Jack Welch）说过："质量不是一个单一的东西，而是一种气氛，一种整体氛围，一种公司将事情做好的压倒性感觉。"

将质量和气氛、氛围、感觉连接在一起，简单来说其实就是质量和人的意识、行为有关。而从公司角度来看，内部产生的所谓气氛、氛围以及压倒性感觉，实际指向的又是什么？是价值观。价值观决定质量！

价值观决定质量是结果，而过程中最重要的中介是人。也就是说，价值观会通过影响人的意识、行为，最终影响到质量。

然而，很多时候价值观是以冲突的方式存在的，员工们经常左右摇摆，总是会面对顾及客户利益还是不顾客户利益的两难选择。

构建"纸面"上的尊重、服务客户的价值观比较容易，但在现实中让员工时刻坚持此信念，殊为不易。企业应该在合适的时机，用合适的方式，比如激励、表扬、奖金等，帮助员工塑造并坚持相应的价值观。

取之有道，维护企业价值观

市场竞争是商业社会发展的常态，体现在产品竞争、技术竞争、客户竞争和人才竞争等方方面面。良性竞争能够促进技术升级、产品更新、人才进步，推动企业及社会财富的积累；而恶性竞争则恰恰相反。

企业作为商业社会的重要组成单元，在与时俱进的发展过程中，不可避免地要与其他企业进行各项竞争。而企业在竞争中遵守的原则、使用的方式和方法、采取的行动，无一不是企业价值观的体现。

尽管无法置身于竞争之外，但我们在企业文化中还是设置了一条隐形的红线："君子有所为有所不为，知其可为而为之，知其不可为而不为。"在筛选人才的时候，这种文化是重要的衡量因素。我们希望每个员工都能明白，不仅要在竞争中取胜，把产品卖出去，更重要的是获得客户的长期认同。这种企业文化的正外部性，隐然预示企业文化正在走向"企业文明"之路。

故事一：不可触碰的底线

随着公司业务规模的不断扩大，我们一直在招揽各领域的优秀人才。在甄别候选人时，除了考虑知识和技能，我们更关注其人品和价值观。

有一次，公司对外招聘一名销售主管，收到了很多简历。经过层层筛选，有三位候选人通过了前两轮面试，进入最后一轮竞争。三位候选人中，有一位来自竞争企业，他非常想加入我们公司。虽然他很年轻，还不太成熟，但是他的性格特点，对产品和市场的了解以及面试中展示出来的沟通能力，却令人眼前一亮。

公司销售部负责人和人力资源部负责人给这位候选人的评分，都高于另外两个候选人。但即便如此，两位招聘负责人仍表现得非常慎重。也许是太想获得这个职位，这位候选人为了提高自己的竞争筹码，竟然在最后一轮面试中抛出了一个交换条件：

"如果公司能录用我，我会向公司提供一些重要信息。"

"什么信息？"销售部负责人问。

"我现在的公司和你们公司是竞争关系，如果我能够获得这个机会，我可以提供给您一些产品的信息和数据。"

听到这名候选人的提议后，销售部负责人皱起了眉头，反问："你这样做，有没有考虑过你现在的公司？"

候选人察觉到自己的冲动，旋即表示："我希望您不要误解，我加入你们公司是希望长期为公司效力，我想找的是一份长期的工作。"

气氛陷入尴尬之中，人力资源部负责人打了个圆场："好的，我们再考虑考虑，你回去等通知吧。"两位负责人随即礼貌地结束了当天的面试。

这位候选人最后落选了，但是他并不认输，打电话到公司人力资源部，想获得一些解释。人力资源部负责人坦诚地告诉他："感谢您对我们公司的认可，我们也非常理解您的心情。您的能力和在应聘过程中的表现都不错，在很多方面都比其他候选人更有优势。但是很抱歉，您在最后提出的交易条件，让我们产生了顾虑。虽然是做生意，但我们更注重公平竞争，公司的形象和声誉也比短期利益要重要得多。同时，我们非常重视员工的人品和忠诚度，尤其是员工的价值观。虽然有点可惜，但您现在还不太适合这个职位。希望您今后一切顺利。"

企业的价值观是不可触碰的底线，用任何不正当的手段去交换"前途"都是不可取的，也不会达到目的。与企业价值观不一致的人才，哪怕能力再强，也很难和大家走到同一条路上。

故事二：老专家

市场竞争是没有硝烟的战场，尽管功和利是竞争胜利后的收获，但过于功利也极可能会让竞争遭遇滑铁卢。

小李（化名）是公司的销售员，他为人憨厚、做事实在。最近在拜访客户时，偶遇了一位退休的老专家。这位老专家在行业内十分知名，没退休前在单位负责采购工作。小李此前的很多业务合同，都是与这位老专家签订的。

在聊天的过程中，这位老专家说，当时上门找他谈业务的人络绎不绝。但是，最终被他选为合作对象的人，却凤毛麟角。其中有些人，三番五次上门求合作均被拒，后又上演了各种戏码，如苦肉计、打公益的招牌等，结果都被他果断拒绝。

于是，小李好奇地追问老专家为什么选择和他合作，满头银发的老专家笑了笑，然后吐了真言："我不喜欢和太精明的人合作，也不喜欢与太过功利的公司合作，尤其不喜欢用各种条件来诱使我合作的公司。"

"为什么呢？"小李有些不理解。

"因为每个公司都想实现利润最大化，把太多成本投入不正当竞争上，就会减少对正当竞争的投入。"

"我明白了，您是怕影响到产品质量。"

"那当然，你们公司的专业度是行业公认的，而且能从临床诊断需求出发，听取我们医生的建议，看待和解决问题的态度很严谨，能真正为我们医院的临床诊断提供准确的检测技术和可靠的诊断依据。"

"谢谢您对我们的信任。我们公司很重视产品的服务和质量。既然从事的是医疗健康行业，我们非常希望能为医务工作者和患者提供力所能及的帮助，希望能为医院提供更多有价值的服务。"

老专家赞同地点点头："员工的行为态度就是企业文化的一张名片，我从你的工作细节和对产品负责的态度里，能真切地感受到你们公司敬业的态度和追求卓越的精神。"

这一瞬间，小李的内心充盈着满满的自豪感和责任感，他暗暗对自己说，客户给出这样高的评价，绝不能辜负他们的信任。走出老专家的办公室，小李迈着坚实有力的步伐奔赴下一个客户。

越来越多客户的肯定让我们深信，企业竞争的核心应该是产品的品质、是服务，而非其他不正当形式。这才是企业基业长青的文化根基。

管理点评

所谓"文明"，是人类历史积累下来的有利于认识和适应客观世界、符合人类精神追求、能被绝大多数人认可和接受的人文精神、发明创造的总和。

文明的发展是一个循序渐进的过程。就一家企业来说，同样存在一个走向文明的隐秘进程。当然，由于环境不同，我们姑且称之为"企业文明"。

按照社会文明的定义，我们可以这样理解"企业文明"：企业历史积累下来的有利于认识和适应全员精神追求、能被绝大多数员工认可和接受的文化精神、发明创造的总和。

很显然，"企业文明"事实存在，而且比一般的企业文化具有更高的高度。它是以诚信、忠诚、非功利、责任、担当等要素作为基本逻辑点，将这些要素串联起来，然后形成的企业文化认知之上的共有哲学。

虽然有时候我们感觉不到，但超越文化的"企业文明"，已经在我们的组织中、在团队中，在整个企业内、外的环境中存在。所以，我们没有刻意地改变什么，就是自然而然地做了，然后得到了客户的认可。这就是"企业文明"的影响力。

诚信如金

"言必诚信，行必忠正"，诚信乃为人之本。

对企业来说，诚信是立足市场的经营之本。遵守约定，产品质量过硬、不以次充好的企业，往往能够得到更多客户的信任。同时，诚信也是企业对员工工作的承诺。坚持以人为本、维护职工利益、以道德范畴和信用规范来约束员工自身行为的企业，往往能够实现稳定发展、基业长青。

对员工来说，诚信就是诚实正直、实事求是、遵守承诺，是完成各项工作的保证。员工应以自身的诚信行为来维护公司的诚信，才能不断为公司的品牌影响力赋能，同时提升个人的信誉度。

故事一：诚信赢品质

员工是企业诚信的实践者，应实事求是地与客户沟通，实实在在地为客户解决问题，不夸大其词，不言而无信，做企业价值观最好的代言人。

曾有一个客户，计划开展自身免疫领域的新项目，需要通过公开招标采购一批新设备。在此之前，我们的销售员和技术人员已经多次拜访过这家客户，他们对于我们的产品和服务也有了一定程度的了解，所以邀请我们作为候选供应商参与了竞标。

为了抢占市场，争夺优质客户，很多竞争公司也进行了投标。面对各种看起来很完美且丝毫不逊色于我公司的产品方案，客户一时间无法拿定主意。经过前几轮竞标，包括我们公司在内的三个品牌，进入了决战阶段。

胜负在即，三家公司都使出了浑身解数。我们公司的销售员小蔡（化名），一次又一次地向客户推荐和介绍产品，耐心地回答客户提出的问题。看到客户露出满意的微笑后，小蔡感觉这笔生意已是囊中之物，于是向部门主管立下了军令状。

但天不遂人愿，没想到其中一家竞品公司报出的价格比我们的报价低了近40%。而客户也被这种极低的价格打动，把注意力集中到了这家公司身上。

突如其来的消息，打了小蔡一个措手不及。一方面，他担心丢了客户无法向公司交代；另一方面，作为一名时刻为客户着想的销售员，他知道对方的报价不太合理，可能存在猫腻。思索再三，小蔡决定去问问客户的想法。

客户对实诚的小蔡印象不错，也就开门见山了："我们知道你们公司的口碑很好，但他们的价格比你们的低很多，如果要选择你们，必须有更好的理由。"

小蔡其实已经猜到客户会这样解释，但他从客户办公室出来，并没有立即离开，而是来到检验窗口处。他站在那里，专注地望着玻璃窗那边忙碌的检验医生和运转的仪器，想想自己加入公司多年，算得上是资深销售员了，他知道在客户的心目中，价格固然重要，但质量更加重要。想到这里，小蔡在心里默默地说道："你想要理由，好，那我就给你一个理由。"

他再次回到客户办公室，坚定地说："我理解您的难处，但我也相信您采购产品不仅要比较价格，也会比较质量。您看这样行不行，我们想和竞品公司做实打实的性能比对实验，比较一下哪种产品质量更好，也看一看哪家产品的方案更真实可靠。我对我们公司的产品非常有信心，请您给我这个机会。"

客户先是一怔，然后表示认可小蔡的建议。性能比对实验如期举行，三家竞争公司的销售员和工程师如约而至。就像战场上针锋相对的较量，大家都拼尽全力，展示各自产品的性能。

按照客户对方案的要求，经过反复科学的比对实验后，最终的结果是：我们公司的产品，说明书上的单人份成本与实际测试成本一致，无任何偏差；而另外两个竞品，单人份成本与实际测试成本有较大偏差，之前报价最低的品牌，实际测试成本远没有其宣称的那么便宜，部分项目甚至超过了我公司相关产品的成本。

面对实测数据，两家竞品公司的销售员和工程师神情黯然。客户拍了拍小蔡的肩膀："谢谢你提出的公平竞争的方案，是你帮我们选择了正确的产品，避免了损失，你们的方案和报价是最真实的，恭喜你们中标了！"

当企业员工与诚信并肩同行，才能在个人发展之路上看到美丽的风景，收获甜美的果实。同理，以诚信作为积淀，持续提供高品质产品，企业才能源源不断地获取订单，交出让客户和社会满意的答卷。

故事二：再等一小时

信守承诺不仅是为了赢得客户，更是为了坚守初心，守住品牌的良心。因为我们知道，在一些情况下，坚守为医院和患者服务的诺言，可以提高医生挽救患者生命的可能性。

S 平台作为公司探索新业务的重要突破，能够针对一些疑难危重的感染患者，利用分子技术对临床样本进行检测，然后快速出具检测报告，为临床治疗提供及时高效的支持。

S 平台刚刚建立的时候，检测周期为一周。通过三年的不断改良和升级，现在 S 平台已经可以做到当天检测、隔天出报告。这已经是此项技术的时间极限了，但有时还是不能满足临床的需求。尤其是住在重症加强护理病房（ICU）的患者，由于病情瞬息变化，留给医生分析和判断的时间，常要以秒来计。

为了更好地提供检测服务，新业务部专门成立了"样本物流协调小组"，通过数个微信群，及时沟通样本到达的时间，争取每天让更多的标本能够"上机检测"。这些标本跋山涉水，有的搭飞机，有的乘火车，还有的使用"闪送"，为的是能赶上每天一次的"上机检测"。

奋力与时间赛跑，是因为每一份标本都关系着一个患者的安危，都牵动着医生和患者家属的心。性命攸关，时间紧迫，从业务部的加急护送、实验组的快速反应到客服组的全力跟进，新业务部做出"不放弃每一份标本"的郑重承诺。

有一次，一个重要的标本没有在规定的时间送达，按照规定需要等到第二天再进行检测。但客服组的小王（化名）知道，这是一个危重病人的标本，如果不尽快检测，可能会影响后续的治疗，给病人留下严重的后遗症。想到这里，他果断掏出手机，在工作群里问道："还能再等一小时吗？"

"已经两点了，过了截单的时间。"样本组小张（化名）回复。

"这个标本非常重要。"小王说。

"好，我去协调一下实验组。"小张迅速给出了回应。

"怎么样？可以吗？"才过了几分钟，小王又再催问。

"实验组说可以。"

"如果一个小时也到不了，还能等吗？患者的病情很严重。"

听到这句话，小张心头一紧，马上起身向实验组反馈。片刻，小张回复道："实验组答应了，会派人一直等，直到你送来标本，放心，他们不会走。"这一夜，实验室的灯彻夜亮着，直到晨曦初现。

守信重诺是极其珍贵的品质，无论是员工、部门，还是企业，无须句句掷地有声，只需踏实地说到做到。

管理点评

营销表面上是依靠销售员在市场上驱动，但本质上靠的是产品"说话"。

小蔡之所以能够获得"完美结局"，归于两个"诚实"的力量：其一，销售员的诚实，并以其"诚实"推动客户做出了开展性能比对实验的决定；其二，产品的"诚实"，通过技术、应用、成本等多项指标对比，验证了我们的产品更加安全、可靠，这才是决定性的因素。

当"人和产品"通过诚实形成合力的时候，不仅能建立销售员自己的价值，也能够给产品、品牌和公司创造声誉，提升企业的声望。

公司对自己已经上市的任何产品存在一个叫作"商销性默示担保"（implied warranty of merchantability）的自我强制：无论有没有白纸黑字写下来的承诺或合同，都已经存在让使用者能够达到期望的目标。

"商销性默示担保"是公司伦理中有关营销伦理的基本原则。我们的员工所信守的"不放弃每一份标本"的承诺，是"商销性默示担保"中最具有自我约束、自我强制管控的部分。

创造新的"生产函数"

世间万物，变动不居。"明者因时而变，知者随事而制。"面对日益复杂的环境及形势，公司的组织、流程、管理模式等应该随之进行调整。

变化本是一个客观中性的概念，如果要使"变化"朝着理想的轨道发展，为目标服务，我们需要坚强的意志和合理的方法，控制和利用变化中的各种元素，进行适应性调整。而"适应性变化"最终往往会走向一场"变革"。

在公司多年的发展历程中，从组织架构、流程到管理，我们积累了大量变革的实践经验。这些变革，有的是公司基于发展的需要主动进行的，有的是外部环境变化倒逼出来的。

故事一：求新求变，贵在坚持，更在用心

企业发展的过程中，没有什么成果可以一蹴而就。特别是在创新和改革的道路上，我们必定会遇到种种阻挠，只有坚持初心，不被困难轻易打倒，持续奋斗，才能实现目标。

之前，在客户反馈中，我们发现了国内市场对于更精准、更大通量、自动化程度更高的体外诊断检测技术的需求。面对这样

的发展趋势，我们决定开发新技术以满足国内医疗发展的新要求，抢占市场先机。

起初，我们向外方的产品研发部门寻求帮助，但得到的回复却是这类新技术在国外市场并非主流，未来前景也尚不确定，研发部门无法提供相关经验和技术支持。得知这个结果，我们的团队非常担忧，因为时不我待，在诊断技术快速更新的国内市场，新产品、新技术的应用迫在眉睫，否则市场占有率会被竞品逐步蚕食，多年的努力也会功亏一篑。

之后，我们也考虑过自主研发，但经过调研和分析，发现即便马上着手开始研发，也需要数年的时间才能完成。面对市场竞争的压力，我们最终决定从自主研发转向合作开发。我们从技术平台、质量管理、人员团队、公司文化等方面对多个厂家进行了考察，经过一系列筛选，最后确定了一家之前和我们有过深度合作，并且在相关技术领域有一定优势的公司作为战略合作企业。

找到合作伙伴之后，新技术开发项目就紧锣密鼓地开展起来。从业务需求分析到产品线策划和定义，从制定产品技术要求到关键模块的监督，从技术、审核工艺到体系优化，经过一个环节一个环节的不懈努力，我们成功将新仪器和系列试剂推向市场。

通过整合行业优质资源协同合作，我们不仅降低了研发成本，还极大地缩短了研发的时间，成功把握住了市场需求的窗口期。新产品的推出，提升了公司的竞争力，同时也为后续的业务发展开辟了新的领域。

创新、变革，往往意味着走一条别人还没走过的路，有困难再正常不过。但只要我们能够保持对目标的专注，拿出不放弃的精神和攻坚克难的决心，最后的成果会让人明白，之前一切的苦难都是值得的。

故事二：环境之变牵动组织变革

"危机"往往伴随"机遇"。日益激烈的市场竞争，是危机同时也是机会。把握未来商机，通过变革不断激发潜力，这是一个企业长期生存的关键。

公司发展初期，我们通过各类试剂产品，得到了国内客户的广泛认可。当时，国内医疗试剂的检测主要依靠人工，效率比较低。随着医院就诊人数的逐渐增长，纯手工操作已无法满足各级医疗机构的需求。越来越多的销售员感受到大客户对自动化仪器的迫切需求。

基于对市场趋势的敏锐洞察，以及对未来发展的综合考量，我们决定组建团队，自主研发生产自动化仪器。当时，这种类型的产品在业内并没有前例，作为"第一个吃螃蟹的人"，我们既无同类经验可循，又无成熟团队支撑，一切从零开始。而首先要解决的，就是组织层面的问题。

人力资源部门在接到组建研发团队的任务之后，就开始犯了愁："怎样召集一个没有行业先例的、从无到有的团队呢？真是个无从下手的难题啊！"以往试剂研发需要的是生化、医学专业的相关人才，而自动化仪器研发则需要协同多领域、多学科的专业人才。一个仪器产品开发下来，往往涉及二十多个一级学科。

好不容易集齐了多领域的核心技术人员，又遇到了"外行如何管理内行"的难题。团队中藏龙卧虎，每个人都是各自专业领域的佼佼者，都有自己的专业坚持与思考角度。这个部门要怎么管理？谁来主持大局？项目怎么推进？好多问题需要一个个被捋顺。

困难天天有，办法处处生。项目团队在解决各种问题的过程中，不断碰撞、磨合，逐渐走向成熟。一场场激烈的研讨使思路愈加明朗，无数次推演与实验使方案越来越完善。终于，在不到一年的时间里，公司自主研发并生产出了国内第一台自动化免疫印迹仪，不仅填补了市场空白，巩固了自身的市场引领地位，还为企业未来在全产业链中的长远发展构建起核心竞争力。

此次自动化仪器的成功研发，既证明了研发团队的研发实力，也为我们后续的发展树立了信心。

更重要的是，我们意识到，新变化会带来压力，但同时也是企业内部流程、模式、观念等要素升级的推手。所以，为了更快地感知变化、应对变化，我们将试剂与仪器研发团队进行整合，成立了新的事业部。再将研发事业部与市场、产品、售后各环节结合形成创新研发反馈机制，使公司在日益激烈的市场竞争中可以更从容地应对变化与挑战。

在不断发现和解决问题的过程中，我们总结了经验，为公司创新发展提供了新方法、新策略、新思路。当变革和改进的理念深刻融入企业文化之中，形成持续的组织常态化变革，企业也会不断向好而生，创新蝶变。

管理点评

企业在不同的发展阶段，都会受到来自内部环境和外部环境的"刺激"，而刺激发展到最终，往往会形成变革。企业每一次变革或者创新，都是一次生产要素和生产条件的重组。

内部环境诱发变革，通常是因为各种内部冲突，比如财务回报不理想、供应链管理不科学、组织机制不顺畅、企业文化落后、领导力弱化、技术能力落后、产品竞争力不足等。外部环境所引发的变革，一般和外部变化有关，比如竞争环境带来的挑战、经济环境带来的挑战、技术环境带来的挑战，以及政策、国际贸易环境等带来的挑战。

当然，企业的创新和变革，不只是简单地解决一个问题，而是在面对各种内外环境变化的压力交织之下，从局部适应性变化，最终演变成全面的疾风暴雨式的变革。

就变革对象而言，虽然每次变革看上去都是针对业务的，但实际上变革开始的地方是在组织层面。这是为什么？原因在于，公司任何的变革，究其本质，实际是对组织惯性的重塑。这也是组织和流程重塑的频率远高于业务创新、技术创新的原因。

在外部环境发生变化时，企业要适时而变。只要处理得当，危机也可成为企业变革求新的加速器，可行之前不敢行、不能行之事。企业需要主动迎接变化，打破组织惯性，走向创新变革。

第 2 章 管理者"角色论"

02

> 管理者（或管理者群体）是接受公司股东委托，通过和他人共同努力，既有效率又有效果地将事情做成功的人。
>
> 在企业当中，管理者通常会有三层结构：高级管理者、中级管理者、基层管理者，这形成了管理者金字塔模型。越是往上，人数越少，同时责任也越大。
>
> 承担责任的同时，管理者会被授予相应的权力。在一个健康的公司管理系统中，管理工作一般会面向五个维度：向上、向下、向内、平行和向外。其中，有些属于权力性管理，有些属于明茨伯格⊖式的角色管理，比如人际关系角色、信息转换角色、决策角色等。
>
> 实际工作中，一个管理者可能会同时涉及多项甚至全部不同维度的管理事务。如何分配时间、如何高效处理事务、如何平衡各种关系，需要每一个管理者在实践中自行摸索和修炼。因此，每一个卓有成效的管理者，必然与众不同。

战略决策者

随着市场不断扩大，更多资本涌入，这在一定程度上扩大了市场，但同时也会带来更加激烈的竞争。原来"小而美"的新领

⊖ 明茨伯格（Henry Mintzberg），管理学家，"经理角色学派"代表人物。

域，变成了"大却挤"的搏斗场。

近年来，我们公司业绩取得显著的增长，业务量年年攀升。但是，面对瞬息万变的行业形势，想要活得更好，一定要有"居安思危"的意识、可持续发展的规划和战略布局，以及"未雨绸缪"的行动。

在不断变化的环境中，企业领导者应当具备战略眼光和深度思考能力，根据时机的变化灵活调整策略，引领团队不断前进。只有公司管理层担当起战略决策的重任，各级部门才能在明确的战略指导下，朝着既定方向协同努力。

故事一：到临床中去

市场战略的决策往往基于客户洞察，只有把握客户真正的需求，企业才有可能实现可持续发展。

作为一家从事体外诊断的公司，医院的检验科就是我们的直接客户。因此，公司成立之初，就开展了许多和检验科医生的交流互动，例如产品介绍、需求调研、满意度调查等。

随着产品应用范围的不断拓展，我们从市场反馈中发现，许多产品真正的诉求其实来自另一个群体——临床医生。检验是为临床服务的，如果临床医生对检测项目不熟悉、对检测结果不理解，检验科人员就需要耗费大量时间去解释。一旦检验科人员不能解释清楚，就会影响医生的诊断。长此以往，就可能造成临床医生对检测结果的不信任，直接影响产品的销售。

市场部曾收到医院反馈的各种各样的问题。

"临床医生想要引入新指标做科研，公司能给资源支持吗？"销售员小李（化名）问。

"客户又来投诉了，F产品是不是出问题了？"客服人员小赵（化名）抱怨道。

"上个月接了200多个关于产品应用的咨询电话，销售员到底会不会介绍产品啊？"技术员小黄（化名）也很无奈。

"检验科医生希望我们派人和他们一起去给临床医生做项目解释。"区域市场人员李明（化名）汇报。

这些问题看似各有原因，但具体分析这些问题，并综合当前公司市场推广行为以及医院检验科与临床各科室的沟通现状，我们发现真正的原因是临床医生对检验项目不够了解。如不同的检测结果到底说明了什么、对临床诊疗有什么样的具体帮助，临床医生该如何开这些检验项目等，这些问题都是临床医生需要确切了解的。

为解决与临床科室的沟通断层问题，公司管理层与市场部经过讨论，最终决定启动"C to C（close to clinic）"项目，开展一系列"走进临床"的相关活动，如知行会、医生在线、临床应用指导、临床面对面等。这些活动不仅是为了推广产品，更主要的是让临床医生真正了解产品特点和技术应用，学会使用产品，看懂检测报告，进而让临床诊断工作更加高效。

管理者要时刻保持对市场的敏感，及时发现潜在问题，积极做出相应的决策。只有这样，企业才能在激烈的市场竞争中，实现业务创新和可持续发展。

故事二：做自己的检测仪

如何基于公司的整体战略及当下的市场竞争环境，制定合适的产品战略，帮助公司获取更多的客户，开拓更大的市场，实现公司可持续发展？

在过去的很长时间里，随着二级医院医疗水平的不断提高，越来越多的患者愿意在本地就近就医。这使得体外诊断业务有了更大的市场空间。

公司目前的主要客户基本都在大型省会城市，主推的产品是一款进口高通量自动化检测仪，这款产品价格较为昂贵。在开拓县、市级市场的过程中，很多销售员都提到了一个主要问题：定位高端市场的产品，无法匹配二级医院的采购需求。

"很多县级医院有购买自动化仪器的意向，可我一报价，人家就不理我了。"销售员小王（化名）有些沮丧地说。

"竞品公司刚上市了一台仪器，才卖两万多元。"销售员小李（化名）说，"我们的仪器虽然质量好，但价格高，只有规模大一点的医院才用得起。"

当时，我们也在努力与外方沟通，希望能研发一款在性能和价格方面都能满足二级医院客户需求的产品，但得到的回复都是"没有办法"。

外方没有相关计划，但我们又不想放弃这部分市场。经过周密考量后，我们中国公司决定自主研发一款新的自动化检测仪。

为了让新产品更好地满足客户需求，销售部与市场部携手，一次次拜访行业内重点医疗机构，调研、汇总客户的最新需求与期待，为新产品的研发提供了强有力的数据支持。

研发部和生产部门扩充团队，引入专业人才，加班加点开展工作。最终，在2014年，由中国公司自主研发的检测仪正式推出。随后的几年中，根据市场需求，我们又陆续成功研发了两款仪器，并很快获得市场准入、生产上市。如今，公司已建成了一支强有力的研发生产团队，自主研发并推广了数千台仪器。

凭借良好的性价比和优秀的检测性能，我们成功打开了二级医院的市场，让更多的县级医院实现了自动化检测，同时也带动了其他相关产品的销量。助力优质医疗资源下沉，让更多患者受益，也是我们做的最有意义的事。

从无到有，这一战略决策不但需要管理层的魄力，更需要对市场发展的精准预测能力，以及对企业自身潜能的深度认知。正确的战略决策还能促进技术创新，构筑差异化竞争优势，让企业在激烈的市场竞争中，实现全新的突破。

管理点评

作为战略决策者，管理者的职能不仅仅是领导团队，还应该兼顾营销和运营的职能，确保战略能够落实到经营中，创造真正的利润。

所谓的营销职能，包括明确、洞察、反馈市场需求和竞争情况，以及开展市场营销。具备了营销职能要求的能力，管理者能够更清晰地捕捉到真实的市场信息。通过聆听一线传回的抱怨和不满，归纳、总结、分析、诊断，我们就可以明确客户需求的变化，从而制定合适的发展战略。

而运营职能则包括产品和服务设计、成本管理、质量管理以及供应链管理等。掌握了运营职能，管理者在战略落地的过程中，就可以合理地调整运营工作的方向，比如，更新迭代产品和服务、优化流程、升级组织等，来支撑战略的落地，保障目标的实现。

市场需求瞬息万变，想要实现精准的战略决策，需要管理者跳出传统定位的局限，从营销端倾听客户的声音，到运营端把满足客户需求的方案变成现实。这才是新时代企业所需要的综合型管理者。

公平、公正、公开的倡导者

随着公司不断发展，组织规模逐渐扩大，防范组织政治的滋生极为重要。

何为组织政治？组织政治（organizational politics）就是在组织中，某个人或者某些人利用权力地位，以牺牲他人的利益为代价谋取私利，做一些与公司利益相悖的行为或交易。

管理者都希望自己的员工不拉帮结派，多良性竞争。为此，公司要明确职权，建立监督和评估机制，让每一位员工都能得到公平的对待、公正的评判，享有公开的信息。

"吏不畏吾严，而畏吾廉；民不服吾能，而服吾公"。公司管理者只有做到公正、公平，以身作则，廉洁自律，才能赢得员工的尊重和信任。

故事一：拉选票

在公司的日常经营管理中，管理者能否做到"公正、公平"，直接影响企业内部的文化环境。

以年度优秀员工评选活动为例。这项评选的流程是先由部门内部推荐候选人，再由管理层进行不记名投票，确定优秀员工人选。刘易（化名）晋升为主管后，第一次获得了年度优秀员工评选的投票权。在投票当天，他收到了平时和他关系不错的老王（化名）发来的消息。

"刘易，在吗？"

"有什么事吗？"

"我们部门的小张是今年的优秀员工候选人，你帮忙给投个票呗！"看到老王的这条消息，刘易一时有点懵。

"好的，我先看看他的推荐资料。"做事一向严谨的刘易没有直接答应老王，而是打开公司内网的公示信息，仔细了解了小张的工作业绩。他发现小张的确很优秀，但看了其他几个候选人的推荐资料后，发现有两位候选人的优秀事迹比小张更能打动他。

在投票截止前，还有其他人也来找他拉过票，都是平时沟通比较多的部门，刘易感到压力很大。事关候选人的切身利益和公司的公平、公正，一张选票就可能改变最终结果。刘易没有让步，把自己的选票投给了最能打动他的那位候选人。

在之后的评选评优中，刘易再也没有收到拉票的短信或电话。每次他都会认真阅读优秀员工候选人的推荐资料，秉持负责、客观的态度，投上自己认为最公正的一票。

一张小小的选票，不仅考验着管理者的诚信度，也检验着管理者能否做到公平、公正。

管理者被赋予权力，意味着被领导和员工信任。为了对得起这份信任，管理者在行使权力时，要尊重事实、公平公正，经得起质疑。

当管理者在日常工作中能坚持公平、公正、公开的原则，就会逐渐建立起以人为本、公平公正、公开透明的企业文化。这是驱动员工实现自我价值和企业良性发展的强劲动力。

故事二：为什么不是我

公平、公正、公开的企业文化能激发员工的工作热情和动力，增强员工的归属感和忠诚度。每位管理者都应该是这种文化的倡导者。

之前因为市场变化，我们公司的销售部门进行了调整，销售主管正东（化名）被调入新的区域任职。经过一段时间的经营后，新区域市场的发展逐渐步入正轨。在这个过程中，两名优秀的销售员脱颖而出：一个叫亚明（化名），是该区域原来的销售冠军；另一个叫张宁（化名），是正东从原部门带来的老部下。

在一次交谈中，亚明向正东表达了自己升职的愿望，正东只是笑着说："就看你的业绩表现。"

转眼到了年底，亚明的任务完成了98%，在团队排名靠前。而张宁只完成了95%。正当亚明觉得自己升职在望的时候，升职名单公布出来了，让他感到意外的是，他没有升职，张宁却榜上有名。

亚明想："一定是正东偏袒自己的老部下。"于是，他忍不住拨通了正东的电话，问道："升职的为什么不是我？"

"亚明，我理解你的想法。这样吧，我给你发个东西，你看一下也许就会明白了。"正东回答。

亚明很快就收到了几张图片，打开一看，是张宁的年度工作汇报截图。这份汇报有详细的工作计划及完成情况对应表，有市场调研图，有竞品分析表，有下一年的任务分解。他看到张宁的销售任务年度增长率竟然达到了60%，而他负责的区域并没有良好的销售基础，是块难啃的骨头。

看到这些，亚明不得不承认，在市场分析和洞察能力方面自己确实不如张宁，而且在自己不愿意接手的地盘，张宁能把工作完成得这么好，说明人家的业务能力也比自己强。

此时，正东又发过来一条微信："亚明，我知道你的成绩，也看到了你的努力。你负责的区域还有很大潜力，相信你一定可以做得更好！咱们是一个团结友爱的团队，有困难要互相帮助，有问题要开诚布公地表达，有错误要指出，有成绩要奖励，我们努力营造一个公平、公正、公开的工作环境，努力一定能被看见，奋斗也终将会有回报！"

通过这次沟通，亚明感受到公司公平、公正的文化氛围，这让他对未来充满了信心和动力。

管理者要营造公平、公正、公开的企业文化，积极倡导多元化和平等的工作环境，这不仅能为员工提供公平的晋升机会，还能激发员工的潜能和创新精神，进而为公司发展积蓄更多的力量。

管理点评

如何平衡"权力"和"公平"之间的关系？这个问题让很多管理者感到困惑。从组织行为角度来看，这样的困惑，根源在于组织政治。

为了防范组织政治的发生，企业需要完善组织的决策机制、制度建设和权力结构，确保决策过程的公正和透明，进而减少权力滥用和腐败的可能性。同时，还需要建立明确的组织目标和价值观，强调公平、透明、合作的企业文化氛围。

一张选票，一次晋升，看似对企业发展影响不大的小插曲，却能让员工感受到同等的尊重，拥有同样的机会。这种公平文化直接影响员工的积极性和对企业的忠诚度，进而影响公司的和谐稳定发展。

但公平是相对的。因为认知水平、思考角度、利益诉求的不同，管理者通常无法做到绝对的公平。但企业管理者需要牢记自己的角色定位，努力开展公平文化建设，力求在最大限度上做到公平、公正。

管理效力提升的第一责任人

很多时候，企业的执行力不强，除了和具体执行人员的能力和态度有关系，还和企业的管理机制、工作流程和协调配合等方面息息相关。

基层员工在工作的具体执行过程中会遇到一些瓶颈，可能是与协作部门沟通不畅，也可能是问题得不到上级回复等。这些问题不但会拖延工作进展，而且会打击员工的积极性。

解决这些问题最直接的方法，就是管理者主动加强与员工的沟通，积极了解工作进展情况，帮助和引导员工打破瓶颈，更好地完成工作。同时，管理者还应该着眼于整体，及时识别问题，优化机制流程，保障工作流程的顺畅。

故事一："问题上报"机制

基层员工经常会遇到一些无法独立解决的阻碍和难题，但又不知道该怎么向管理者求助，时间一长，问题就积压了下来。一个问题带来的影响或许不明显，但积压得多了，就会大大影响整个系统的效率和响应能力。

为了避免这样的问题，企业应该建立完善的问题上报机制，及时帮助员工解决难题，消除隐患。

以我们公司市场部现在实施的"问题上报"机制为例。如果工作中遇到困难，公司鼓励员工自己解决，但是如果员工发现有自己解决不了的问题，公司鼓励员工及时上报，由上级进行协调或决策。

有一次，某款进口产品注册和申报工作的直接负责人小张（化名）在工作中遇到了困难，多次去注册申报、尝试了很多方法都没成功。

之后，他找到自己的主管老王（化名），告诉他："产品注册需要提供产品的技术材料，而国外厂家又提供不了，所以一直注册不下来。"

老王了解了问题的症结之后，立刻打电话询问对方不提供技术资料的原因。经了解，老王知道原来不是对方不愿意提供，而是根本没有。他们的资料都来自研发部，而研发部没有及时整理和完善技术资料。

意识到这个问题不是自己能够处理的，老王向部门领导老刘（化名）汇报了注册工作遇到的困难。为了解决这个难题，老刘直接和生产厂家的总经理沟通，向他说明了提供技术资料的必要性和急迫性，以及对产品注册的重要性，希望对方尽快完善技术资料。

最终，在部门主管老刘的协助下，小张解决了一直困扰他的大难题，顺利完成了产品注册。

用我们公司一些员工的话来说，以前做项目，如果遇到自己解决不了的问题，不但影响工作进展，还影响心情。有了"问题上报"机制后，再遇到困难，大家会觉得不是一个人在面对，有整个团队在背后支持，因此工作效率更高，团队也更有凝聚力了。

故事二：管理风格的适时调整

管理者的管理风格，不仅影响着企业创新能力和整体效能，对员工的成长路径、能力提升、职业规划也影响深远。

老穆（化名）是我们公司一个新区域的销售主管，在最初接触销售团队的时候，他发现团队成员大多是新人，对公司的销售策略不熟悉。

为了更高效地推进新区域的销售工作，老穆找到业务组长小吴（化名）进行了沟通。虽然是组长，但其实小吴在区域拓展方面也没有太多的经验。他跟老穆说："我是第一次接触区域层面的业务，对自己没有信心，希望您能多多指教。"

老穆微笑着回应说："不要担心，我们稳扎稳打，一步步来。"

在这个阶段，老穆采用了指挥型的管理风格。他清晰地告诉小吴有关区域业务的具体打法和要求，耐心地给小吴一一讲解每项工作的细节、困难及应对措施。在老穆的指导下，小吴逐步明确了区域业务工作思路，开始带领团队有序推进工作，基本完成了业务目标。

后来，老穆发现之前制订的业务计划与新的市场行情不再匹配，如何进行创新成为当务之急。这时候老穆采用了支持型管理风格。他鼓励小吴和团队成员主动思考适合新市场的业务计划。小吴也在这个时候带领团队结合区域市场特色，制订了新的业务计划。老穆看过后觉得非常可行，支持小吴和团队勇敢去尝试。

此后，随着业务团队的成熟度越来越高，老穆连续转变为引导型和授权型管理风格，放手让小吴按照自己的想法去推进工作，同时也开始尝试让小吴承担更多的工作任务。老穆则把精力聚焦在开拓更大的区域市场上。

老穆通过适时调整自己的管理风格，不断驱动团队良性成长。

管理者并非只能有一种风格，也不存在哪种管理风格是最佳的选择。因为组织的环境是不断变化的，管理者要结合团队和成员的状态进行灵活切换，才能在不同的阶段，把领导力发挥到极致。

管理点评

很多管理者经常抱怨员工的工作能力差，执行力不强。但事实上，管理者需要审视，自己是否为员工提供了正确的引导和及时的帮助。

美国巴布森商学院（Babson College）在培养领导者的领导力方面，提出过"双元认知思维"的概念：要成为一个有效的领导者，必须能够熟练运用"预测逻辑"（包括预测分析基础、优化行为、风险规避、竞争等）和"创造逻辑"（包括手段导向、确定焦点、共同创造等），分析和优化工作中遇到的问题，用创造性的方法去处理问题，进而提升管理效力。

在企业经营管理中，当员工能力、经验等方面存在不足时，管理者不应该一味地苛责，而是要用"双元认知思维"不断给员工赋能，帮助员工找到并引导他们走向正确的道路。

团队培养的实践者

企业中，有的部门员工工作态度积极向上，每位员工都有强烈的"主人翁"精神，部门内部沟通和协调也非常顺畅；而有的部门却截然相反，员工的工作态度拖沓懒散，自律性和自主能力都很差，而且对工作时常抱怨，离职率也相对较高。

团队凝聚力和士气存在区别，究其原因，是团队成员对管理者的信任程度不同。

"民无信不立，国无信不兴"。同理，管理者是团队目标的制定者、资源的提供者和协调者、业务的指导者，如果团队成员对于管理者缺乏信任，其传达的信息和描绘的前景也会不可避免地让人产生怀疑，更不用说提升团队士气和凝聚力。

无数的案例和调研结果告诉我们，管理者要建立威信，获得下属的信任，不但需要以身作则、言行一致，而且要在业务上对下属进行有效的指导、提供必要的支持、关键时刻和团队并肩作战。

故事一：领导者即教练

当公司规模不断扩大，人员需求也会随之增加。越来越多的新面孔，给公司注入活力的同时，也给管理者带来更大的考验。

新人经验不足，需要时间去学习和积累，可工作交付周期和质量都有严格的要求。这时候，作为管理者，该如何处理呢？给予新员工耐心的指导，是让他们快速成长的有效方法。

有一次，产品线管理部门的老王（化名）安排部门人员进行候选产品的导入立项。新人小谢（化名）负责的是内分泌产品的导入任务。

两周后，小谢上交了工作报告。老王看到报告中存在很多缺陷和漏洞，包括依据不足、缺乏分析、结论可信度存疑等。经仔细了解，老王得知小谢以前从没有做过完整的产品立项工作，虽然他对项目流程比较清楚，但报告中很多重点内容没有细化，表述也不准确。

"这些问题和小谢的工作经验不足、业务不够熟练有关。"老王心想。

为了帮助小谢顺利完成工作，老王走到小谢身边，拍了拍他的肩膀说："小谢，我看了你的报告，有些内容没有抓住重点。可能是你之前没接触过产品导入立项工作的缘故，不过没关系，这是一次难得的锻炼机会。我带着你一起梳理，争取让你收获更多的经验。"

随后，老王安排了时间，专门对小谢进行了一对一辅导，对产品立项书模板中列出的产品临床应用前景、方法学的市场接受程度等要求进行了系统解析，并耐心地告诉小谢这些信息应如何获得、如何去评估、衡量标准是什么等。

这次细致的指导后，小谢修改了之前的报告。但是，这份新报告仍存在可读性差、条理不清晰等问题。老王再次将小谢叫

到身边，逐段分析修改。在共同改稿的过程中，小谢逐渐找到了
要领。

现在，小谢已经在老王的指导下成长起来，不但能够独立完
成工作任务，还能积极和部门的新同事分享工作经验，与团队成
员共同进步。

在企业经营管理中，管理者即教练。管理者要时刻关注团队
成员的成长和发展，并及时提供指导、反馈和支持来帮助团队成
员提升能力。

同时，适时的鼓励和正面的反馈，能够增强员工的自信心，
激发他们的工作热情，提高团队凝聚力和工作效率。

故事二：帮助下属转角色

了解团队成员的个性和工作能力，是优秀的团队管理者必须
具备的素质之一。管理者只有对每个成员的优点和缺点都了然于
心，才能结合员工的特点和职业规划，为他们提供适当的培训和
发展机会。

员工晋升为管理者后，可能会面临角色变化带来的不适应，
以及团队其他成员的抵触情绪。团队负责人需要帮助这些新晋升
的管理者适应新角色，让他们快速与团队成员建立互信。

销售部的小卢（化名）刚晋升为主管时，团队中有个别老销售员存在严重抵触情绪，不配合他的工作。刚刚转换新角色还未适应，团队骨干又不支持，让新官上任的小卢手忙脚乱，没了章法。

面对徒有干劲却不得法的小卢，区域负责人老谭（化名）及时出面，给予了指导和帮助。老谭首先帮助小卢转变了工作思路，告诉小卢，原来他只需要关注业务细节，现在他不但要保证团队业绩，还要做好团队建设，帮助下属解决困难，在具体的工作过程中，要学会取舍和排列优先级。

老谭语重心长地对小卢说："一个优秀的管理者要有眼界、气度和胸怀。管理者和员工只有岗位分工的差别，没有地位的差距。我们既要看到团队成员的价值，知人善用，也要让团队成员看到我们自身的亮点，被他们理解和信任。只有这样，我们的团队才能更有凝聚力。"

听了老谭的建议，小卢慢慢找到了作为销售主管的工作思路。在一次经销商替换过程中，面对经销商的恶意威胁和骚扰，小卢始终坚持原则，有序推动替换方案的实施。通过这件事情，小卢展示了自己的能力和魄力，赢得了团队的信任和尊重。

为了让小卢在团队里建立更强的威信，老谭要求员工遇到问题要逐级汇报，不允许越级汇报。当销售员遇到困难时，小卢总是第一时间出面解决，主动承担责任，从不计较个人恩怨和得失。慢慢地，小卢凭借自己卓越的业务能力和诚恳的处事态度，得到了团队成员的认可和赞誉，之前不认可他的销售员也都开始转变态度，从心里接受了小卢。

无论是团队受到重挫，还是员工士气低下、团队面临巨大挑战，又或是下属对主管有误解，管理者都应该及时掌握员工动态，帮助员工理清工作思路，引导员工解决困难。只有这样，才能助力员工成长，进一步驱动组织人才创新。

管理点评

优秀的管理者，即便是临危受命，也能无缝切换，迅速领导团队走入正轨。在这个过程当中，团队负责人以身作则、率先垂范给团队带来的驱动力是不可估量的。尤其是在面对一些难啃的硬骨头时，管理者身体力行，和一线人员并肩作战，能够极大地鼓舞团队士气，推动项目顺利完成。

当然，随着个人发展阶段的提升，管理者的关键任务也会不断变化。比如，从基层主管晋升到中高层管理者后，管理者工作的重心就不仅仅是业务层面的问题，还要考虑如何帮助团队中的管理人员建立威信和团队信心。

管理者在帮助员工的同时，自己也需要不断学习新管理方法，主动承担相应的管理责任，让自己持续升值，继续向更高的位置攀登。

变革的引领者

市场风云变幻，企业需要结合市场变化，不断变革来谋求发展。在变革的过程中，企业管理者不仅是发起者，还是决策者和引领者。

"明者远见于未萌，智者避危于无形"。在坚持公司长期发展战略的基础上，管理者需要时刻洞察市场的变化，及时调整战略，努力开辟新的市场。无论是现在，还是将来，挑战和机会将一直存在。

故事一：环境之变倒逼管理变革

市场、政策等外部环境的变化，会倒逼企业管理者反思经营和管理模式，驱动管理者通过调整发展战略，推动管理变革。只有找到适应市场的发展路径，企业才能实现可持续发展。

经过多年的发展，我们公司在很多城市的业务市场不断扩大，人才队伍也随之壮大。为了提升管理效率和经济效益，公司决定施行集团化管理，在有位置、资源等优势的地区成立分公司。

如何有条不紊地对各分公司进行运营规划和落地实施，对于缺乏相关经验的各区域主管们来说确实是一个挑战。所以，我们组织了一场区域负责人的沟通大会，给他们搭建了一个互相学习、共同进步的平台。

会上，老吴（化名）略显担忧地说："独立作战的分公司，要如何经营和管理？如何扩大市场？这些问题是需要我们慎重考虑的。"

"我认为，分公司应该主要以项目制为抓手，形成面向客户、面向市场的作战单元，不断适应市场需求，提升公司整体的发展质量。"老罗（化名）说，"正如我们之前讨论时所说的，我们可以坚持'做小管理，做大经营，以分公司为最小作战单元，各个突破；集团总部各事业部各司其职，为分公司发展提供强有力的支撑'的原则。"

"我们还可以通过整合各自区域的资源，全面进驻区域市场和开展合作，做活、做强、做大。学会在有风的地方举旗，在有鱼的地方撒网。"老李（化名）补充道。

经过多次的研究讨论，在分公司的组建、经营以及授权等方面，各区域负责人达成了一致意见。随后，公司又从销售区域、经销商管理、财务、供应链等方面进行了深度的调研论证，确保分公司成立后，能激发公司整体活力，强化业务创新，进而实现提高经营效率、扩大业务规模的目标。

之后，各地区分公司成功组建，划分小作战单元，网格化开展销售业务。集团总部结合各地区运营的实际情况，不断完善组织模式和激励机制，形成了结构合理、素质优良、创新能力强的人才队伍，带动了公司的经济效益稳步提升。

面对市场环境的不断变化，管理变革不但可以实现效益的提升，而且能进一步激发员工潜能，进而推动公司持续高质量发展。

故事二：分层定位

公司变革方案落地的过程中，常常会遇到一些阻碍，如员工不理解、执行力不足或沟通不畅等。为克服这些阻碍，管理者要身先士卒，强化沟通，带领员工共同战胜困难。

之前，为了顺应市场变化，我们对公司架构做了阶段性的调整，从集团销售总部剥离出部分业务岗位到分公司，在集团总部和分公司之间建立快速连接。

然而，在落实这一架构调整时，由于对调整后的角色、职责和地位的变化感到不安，一些留在集团总部的员工出现了抵触情绪。

"架构调整后，部门职能和我们的工作内容会不会有变化啊？"

"调整后，我们是不是就调离核心业务岗了？"

"集团总部退到后方了，只做销售业务的支持工作了，是不是我们的工作压力就减轻了？"

面对员工的疑惑和担忧，公司立即召集相关部门负责人，向他们澄清了这次调整的目标和构想。

这次调整，本质是遵循管理学中的分层定位理论，根据企业的战略目标，确定企业经营活动的重点，把企业中的职能部门、工作内容和职责按照重点进行分级分类，形成有效的管理体系。

调整后，集团总部不再"高高在上"，而是应该主动衔接业务端和其他职能部门；集团总部不再是"慢吞吞的官僚部门"，而是应该解决实际问题，提高工作效率；集团总部不再"人云亦云"，而是应该起到引领作用，指导区域发展；集团总部不再是"无实际业务能力的摆设",而是应该随时能上战场,随时能应急⋯⋯

讨论结束后,大家对集团总部的职能定位更加清晰了,也明确了在公司当下发展阶段应该如何带领员工发挥职能作用,促进公司健康发展。

会后,各部门负责人将工作逐层落实到人,并加大了对员工的业务培训和考核力度,通过重新制定核心业务事项的响应时限和"首问责任制",从根本上杜绝了推诿扯皮的现象。

市场变幻莫测,企业需要顺应市场变化,灵活进行调整。企业变革中,管理者是引领人,这就要求管理者不仅要有全面的视野和深刻的洞察力来识别组织内外环境的变化,还要与员工进行充分的沟通,解释变革的必要性和目的,以获得员工的理解和支持。只有这样才能够推动变革的顺利进行。

管理点评

我从哪里来?我是谁?我将去往哪里?这三大命题的意义,远超出哲学范畴。

在公司中,很多管理者的个人发展,都会经历一个从"定位困惑"到"定位重塑"的过程,但本质上,管理者其实是在面对三大哲学问题的叩问。如果管理者无法回答这三大问题，或者回答不清晰，其工作一定会陷入困境。

在这个时代，管理者要学会用发展的眼光去看世界。不管是内部还是外部的变化，最终都会对企业的组织能力形成新的要求，也就是对员工和管理者的能力提出新的需求。

管理者不能一直沉迷于自己的过往"优势"，而是要积极、主动地从管理结果的反馈中，审视自己与企业发展需求之间的连接，发现变革、调整的机遇，然后重新定位自己，通过学习提升自己，成为变革的引领者，成为企业更加不可或缺的关键人才。

尽职尽责，制度的捍卫者

为确保企业各项工作能够有序、高效地开展，管理者需要设定明确的原则。原则在企业经营管理中具有"压舱石"的作用。原则不仅包括公司成文的规章制度，还包含不成文的行为准则。

但"天下之事，不难于立法，而难于法之必行"。公司设定了明确的制度和准则后，如何落地实施？需要管理者努力去捍卫和维护这些制度和准则，以确保它的权威性和有效性。

故事一：对员工犯错要有惩戒机制

员工犯了错，就应该接受相应的惩罚。但具体如何衡量员工的犯错行为？又该如何处罚犯错员工？通常需要管理者具体问题具体分析。

小刘（化名）是我们公司的一名员工，主要工作是为客户开具发票。之前，她有几次开错发票，因为金额较小，销售部的同事及时追回错票，挽回了损失。部门负责人老郭（化名）认为公司业务繁杂，偶尔有疏忽也是难免的。于是他只对小刘做了简单提醒，没做任何处罚。

这天，财务老李（化名）气冲冲地找到老郭说："这个小刘，平时开错一两张票，我们都能处理。这次她居然开错了50多张票。这样下去，我们的工作没法开展了。"

老郭听了，立即找到财务部、销售部的同事，一起去和客户沟通协调，最终将错票追了回来。虽然问题解决了，但是很多客户都对我们公司的管理能力和员工的工作态度表达了不满。

处理完错票的事情之后，几个部门的负责人才有时间思考该如何对小刘进行处罚。按公司的规章制度，处罚方式有四种：一是对其提出严厉的通报批评；二是对其进行罚款；三是警告和留职查看；四是劝退。

经过慎重考虑，最后公司决定：劝退小刘。

为什么要采取最严厉的处罚办法呢？因为根据小刘过往的工作表现，批评起不到根本作用。而且，这次小刘的错误给公司造成了严重的影响，她的工作态度与公司的企业文化已不匹配。尽管小刘是在公司工作多年的老员工，公司依然采取了劝退的处理方式。

在企业经营管理过程中，管理者要允许员工犯错，但也要有严明的惩罚机制来纠正员工的不良行为，维护企业正常秩序。

当员工犯错时，优秀的管理者首先应该采取适当的补救措施，最大限度地减少错误对公司造成的负面影响，其次要通过与员工的深入交流，了解犯错原因和动机，通过采取公正、合理且有针对性的处罚措施来纠正员工的错误行为，不断推动员工成长和公司健康发展。

故事二：对审批权要有敬畏

"审批"是管理者日常工作中的一项重要事务，也是企业管理过程中的关键环节，涉及资源配置、决策制定、风险控制等诸多方面。管理者必须慎重对待，不得有丝毫马虎。

有一次，我们某个分公司的负责人老李（化名）在审核一位新上任的大区负责人提交的行政费用报销单时，发现了一些问题：出差天数和实际情况不符、内容填写不完整、报销金额超标等。有这么多问题，大区负责人不仔细审核就直接签字，让一向对审批权存有敬畏之心的老李有些气愤。

老李找到大区负责人，问："咱们公司的报销制度，你清楚吗？"

这位大区负责人很自信地说："清楚啊，之前学习过。"

当老李把那张有问题的报销单放在他面前时，大区负责人有些羞愧地说："最近手上事情有点多，我看报销金额不大，想着财务会最终把关，就直接签字了。"

对于这样的解释，老李并不认同。随后他与大区负责人进行了深度沟通，对他强调了三个审批原则：

第一，公司的报销制度，是所有人都必须严格遵照执行的，不能因为工作繁忙而忽视制度的执行和审批；

第二，虽然财务会进行最终审核，但每个环节的审批者都应该严格把关，确保审批过程的公正和严谨；

第三，审批过程需要严格监管，一旦监管不严就会形成管理漏洞，这势必会给公司带来一定的损失和潜在风险。

审批是公司赋予管理者的权力，管理者需要意识到自己责任重大。在日常工作中，管理者需要时刻维护权力的原则性、有效性，树立自身权威和信誉，这样才能在赢得员工的尊重和信任的同时，为企业创造更加良好的工作环境和发展前景。

管理点评

管理者既是制度的制定者，也是制度的捍卫者。制度在执行过程中遇到阻力时，管理者需要以身作则、坚定立场，维护制度的权威性，确保制度的有效执行。

对于员工所犯的错误，需要客观分析、合理评估、正确决断。公司既不能矫枉过正，也不能简单处理，要从"犯错动机、犯错历史、错误的严重性、错误的危害性"四个维度进行综合分析。

公司"允许犯错"，但前提是犯错是为了追求公司价值而进行的某些程度的实验性尝试。此外，即使在尝试阶段，也需要提前论证，把错误率降低到一定程度，才能动手实施。因此"允许犯错"更像是一种管理技术实验动作。

这一原则，完全不同于我们通常说的经常犯错，甚至犯下严重错误——对于此类错误，绝不能姑息，否则将影响组织氛围和公司利益。

　　当然，管理者在行使企业授予的权力的同时，也要接受相应的监管。公司需要时刻关注管理者，避免权力的滥用，同时更要严肃管理"未正常使用权力"的问题。

　　管理者"未正常使用权力"的危害性，其实并不比权力滥用的危害程度低，它同样会对公司的管理文化、组织威信、财务规范等产生不良影响。因此，公司各级管理者，不仅需要上下监督，同时也要互相监督，杜绝"未正常使用权力"的情况发生。

全局观的养成者

　　"不谋万世者，不足谋一时；不谋全局者，不足谋一域。"管理者只有具备全局观、长远眼光和宽泛的视野，才能做出正确的决策，推动公司的持续发展。

　　面对复杂的内、外部情况和棘手的问题，管理者需要站在长远发展的角度，多方面、多维度地思考问题。同时，管理者还需要时刻牢记价值观底线和对内对外的承诺，这样才能避免"只见树木，不见森林"的错误，带领团队持续发展。

故事一：冷藏车

重大的经营管理决策，往往直接决定组织未来的命运，因此决策能力是管理者最为关键的能力之一。

当管理者做决策时，往往会遇到很多的困难，这个时候，以公司整体目标为方向，会指引管理者做出正确的选择。

举个例子，我们公司的产品需要在 2~8℃ 全冷链条件下运输。之前，因为没有自己的冷藏车，产品配送工作主要依靠第三方公司来完成，效率无法保障，经常出现配送时间与约定时间不一致、服务态度差等问题，公司也多次收到客户的投诉。供应链部门主管老张（化名）多次与运输服务公司协调，但配送服务质量仍没有太大的改善。如何提高配送服务质量，成为供应链物流部门亟待解决的问题。

在之后的一次合理化意见征集会上，供应链部门的小贾（化名）说："公司应该自己配置专用的冷藏车，并配置专业的销售员随车送货，通过这样的方式来提升我们的配送服务质量。"

对于这个建议，大家各抒己见，展开了激烈的讨论：

"购置冷藏车费用很高，平常还得给车维修保养，做这个事情得不偿失。"

"公司配置冷藏车，出了交通事故怎么办？还不如继续使用第三方车辆。"

"如果我们有了自己的冷藏车，就可以在车身涂装公司Logo，这样一来，还有了广告效应。"

……

听了大家的讨论，老张说："大家的很多担心和顾虑，都是以我们自身或部门的角度来考虑的。如果站在公司的角度，有了自己的冷藏车，对提升客户满意度会有非常积极的作用。但这个建议能否采用，还得由公司决定。"

会后，老张经过和几个相关部门负责人的共同商讨后，将建议方案上报公司。公司领导经过多方考量最终决定购买冷藏车。

公司在使用自有冷藏车配送产品之后，对整个运输和服务管理有了把控，客户对产品交接和配送的满意度有了明显提升。

配置了冷藏车后，老张除了要做好日常工作，还要负责冷藏车的管理、维护以及驾驶员的安全教育等工作，这让本就忙碌的老张更加应接不暇了。很多人不理解："老张干吗给自己找这些活啊？"但老张自己知道，作为公司的管理者，以"公司整体利益为重"是其首要职责。

优秀的管理者往往会先人一步，他们有敏锐的洞察力和快速的反应能力。在做决策的时候，他们也能放眼全局来考虑问题，不会拘泥于眼前的个人得失。

故事二：从客户利益的角度做决策

有时候，困难只是因为我们看待问题的角度过于单一。试着从客户的角度、更宏观的角度或者更长远的角度去看待问题，或许能找到解决问题的新思路。

之前，我们公司产品国产化的初期，产品生产部的老张（化名）遭遇了很多的困难和阻力。当时，很多客户担心国产产品质量不如进口产品。面对客户的质疑，公司承诺：我们的国产产品和进口产品秉承一贯的品质标准，甚至对国产产品提出更高的质量要求。另外，国产产品的供应链更加灵活快捷，产能和供给方面会更具保障。

可国产产品生产没多久，就连续出现了多个批次的"不合格"产品。经核查，问题主要是抗原点外观不合格：原本应该呈现一个圆形的抗原点，却出现了两个重叠的圆形。

根据评估，如果将这些产品和原材料都做报废处理，会造成几十万元的经济损失；而且产品生产将面临无料可用的风险，直接影响产品供应，最终可能会导致停产。

面对停产的压力，负责人老张组织质量部、工艺部、生产部和销售团队迅速成立专项小组。经过反复研究、实验，最终确定：出现抗原点重影现象是抗原点生产过程中点样位移导致的，对检测结果没有影响。通过查阅历史记录，发现以前的进口产品也有类似的情况发生，当时都判定为合格产品。找到问题症结后，老张立刻准备相关材料，提交给管理层做最终的决策。

"通过我们反复研究、实验，发现外观不良并不会影响最终检测结果。咱们这批产品和原料可以继续使用吧？"老张焦急地等待着领导的决定。

"老张啊，虽然这批产品不影响客户的使用，但是一定会给国产产品的口碑带来负面影响，为了履行咱们之前对客户的承诺，这批产品和原料不能使用。"领导语重心长地说。

从短期利益角度看，报废价值几十万元的瑕疵产品和原料，公司需要承担几十万元的损失。但从长远发展来看，公司能够坚守最初的承诺，坚持品质至上，获得客户对产品的信任，反而能获得更长远的发展和更多的经济价值。

管理点评

企业就像是一个木桶，决定企业发展水平的，从来不是最长的那块板，而是最短的那块板。如果管理者的思考仅仅局限在自己的一亩三分地上，缺乏整体思维，缺乏全局观，即便自己的部门管理得再好，企业的整体发展依然可能存在问题或者隐患。

举个例子，现在很多企业在学习"麦肯锡 7S 模型"（Mckinsey 7S Model）来指导自己的管理工作。但在执行的过程中，总是过于关注战略、结构、制度等硬件要素，忽视价值观、风格、人员、技能等软件要素的重要性。即使只是价值观的缺失，也容易导致企业内部没有统一的价值观念和行为规范，员工找不到归属感和认同感。长此以往，哪怕战略正确、结构合理、制度完善，企业也会因为缺乏自驱力而效率低下，难以在激烈的市场竞争中拥有立足之地。

企业的优势再多，一块短板就能限制整体的发展水平。所以，作为管理者，我们要有全局观，要学会从整体的业务流层面，以客户的需求为基点，以最终的战略目标的实现为方向，去审视问题，解决问题。

身先士卒的管理者

俗话说："行者常自执，方可致人执。"在企业经营管理过程中，管理者不必所有事都亲力亲为，但关键时刻的身先士卒，可以激发员工的工作热情和积极性，提高团队凝聚力和执行力，进而提升整体工作氛围和效率。

管理者除了在行动上要做到身先士卒，在思想上也要与员工保持亲近，避免滋生官僚习气。只有这样，才能真正发挥身先士卒的积极作用，为企业带来长远的积极影响。

故事一：以身作则，赢得团队信赖

以身作则、身先士卒，对于管理者在团队中提升威信、影响团队有着不可估量的作用。管理者通过自己的言行，为员工树立一个明确的标杆，让他们不仅在工作中遵循高标准、严要求，更在日常生活中展现出正直、诚信的品质。这种正面的示范效应会让员工对管理者产生由衷的敬意和信任，更加愿意听从管理者的指导和安排，积极配合工作任务的完成。

公司产品管理部负责人小江（化名）刚上任的时候，发现部门在管理模式和产品导入方面存在一些漏洞，需要尽快规范整顿。但当小江在部门例会上提出自己的工作思路时，却没有人响应，也没人支持小江。

"我刚加入，又比较年轻，部门同事对我没有信心，我也理解。要想赢得信任，只能在日常工作的一点一滴中慢慢来。"面对质疑，小江没有气馁，而是在心中暗暗定下了方案。

结合部门目前的基本情况，小江提出了针对缺陷和漏洞的合理化建议，很快被公司采纳。最初，没人愿意配合，小江就自己一点点地去做。当员工看到新的模式可以减少冗余和重复性的工作、有效提高工作效率的时候，新的管理制度很快在日常工作中得到推行落地。

后来，产品管理部门要启动一个新的产品导入项目，而这个项目比常规的产品导入复杂得多，部门内没有人接触过类似的项目，小江决定亲自担任这个项目的责任人。

从项目启动开始，小江就做了详细的项目计划表，查阅资料、市场调研，找各合作方会谈，每个步骤他都亲力亲为。在项目实施过程中，他统筹推进，严格把控风险，强化监督检查，对每处节点、每个细节都严格要求。最终，这个项目不但圆满完成，还生成了一系列的流程和模板，为后续此类项目的实施提供了技术支持。

小江对工作认真负责的态度和超强的个人能力，赢得了部门员工的信任。后来每次遇到困难和挑战时，小江都与员工并肩作战，员工们感受到管理者的温暖和力量，更愿意跟随他的脚步。有了员工的信任和支持，小江的工作更加得心应手，团队的工作效率和质量也得到了显著提升。

小江作为一个新任的部门负责人，没有站在高处去监督和指挥员工，而是自己先尝试去做。对工作中的关键点、难点有了充分的了解后，再为团队成员提供有效的、切中要点的指导。在帮助员工的过程中，他的威信也逐渐建立了起来。

管理者身先士卒，在面临困难和挑战时，不是选择逃避或推卸责任，而是勇敢地站在最前面，带领团队共同面对。这种勇气和担当精神会传递给每一个团队成员，让他们感受到领导者的决心和信心，从而更加努力地投入工作中。

同时，身先士卒的管理者可以通过实际行动传递出企业的价值观和理念，有助于塑造积极向上、团结协作的企业文化。

故事二：管理者务实模型

高效的管理者大多是实干者，不会纸上谈兵，而是通过实际行动和高效执行推动企业和团队的发展。

老王（化名）在我们公司一直有"实干家"的称号。在刚上任人力资源部负责人时，他遇到一件棘手的事情：部门负责薪酬核算的人员突然离职，当时临近月底发工资的时间，却突然没有人来负责核算工资。

按照公司要求，工资不能拖欠，必须在月底前发出去。在紧要关头，老王决定自己上！但那时他对公司的薪酬制度、人员信息、管理要求都不太了解。老王就每天加班加点，查阅制度和往期薪酬资料，搜集人员信息，核实各项数据，最后仅用了约一周的时间就将公司几百人的工资核算完毕，如期发放给了员工。

通过这次薪酬核算工作，老王快速了解了公司薪酬管理的基本情况和存在的问题，为公司下一步开展薪酬改革、优化流程等工作奠定了基础。

后来，老王要求部门的每位中层管理者都要从基础工作做起，能胜任每一个岗位。

有一位新上任的薪酬负责人问老王："我的岗位价值应该体现在制定和执行薪酬管理制度上，而不是做具体的工资核算。为什么要让薪酬负责人去做基础的工资核算工作？我不太理解。"

老王说："虽然管理岗位的核心价值不在于做基础工作，但是只有熟练掌握了基础工作，并了解了背后的基本逻辑，才能够更好地管理，并不断优化工作流程。还有，团队成员临时发生变动时，负责人可以随时应急补充，而不是'甩给'并不擅长此岗位的其他员工去做，这也能体现管理者的责任与担当。"

这位薪酬负责人在工作中慢慢理解了公司为什么要求管理者必须是一名"实干家"，也在工作实践中逐步成长为公司人力资源管理的中坚力量。

卓有成效的管理者，除了通过自己的业务能力带领团队，也应该以基础工作为起点，不断提升自己的核心业务能力，在危机时刻能够"扛得住"，成为企业稳步发展的中流砥柱。

管理点评

一个优秀的管理者有哪些能力和特质呢？专业技能、知识背景、工作经验、绩效表现等硬要素，以及领导力、沟通力、协调力、情绪管理、价值观等软要素，缺一不可。

但再伟大的管理者也不可能是尽善尽美的。通用电气前CEO 杰克·韦尔奇是一位备受尊敬的企业领导者，以其卓越的管理才能，带领通用电气成为全球最伟大的公司之一。然而杰克·韦尔奇曾经坦言，自己工作的强硬风格是他最大的缺点。

有缺点，那就要改正。管理者身先士卒，参与到实际的、基础的工作当中去，也是为了能够在实践中验证并纠正自己的认知，修正自己的习惯，改变惯用的方法，逐渐提升自己的管理水平。

第 3 章　管理者出自基层

03

　　企业的雇用计划（employment planning），本质上是一个发现人才、挑选人才、任用人才的管理过程。该计划贯穿人力资源管理、组织管理的始终，而不是局限在前期的招聘阶段。

　　企业选才，主要从学历、技能、履历、品行、专业以及对应的职位进行定性、定量评测。选才的对象通常可以分为两类：专业技能型人才、管理型人才。

　　棘手的是，单纯的专业技能型人才，市场上并不少见，但企业最需要的是既懂专业、又会管理的复合型人才却凤毛麟角。即便人力资源部门努力从外部招聘到了这样的复合型管理人员，但"空降兵"进入企业后往往会"水土不服"。

　　相对而言，内部挖潜培养出来的复合型管理者，是更合适的选择。可是对于企业来说，内部挖潜同样也是艰巨的挑战。要保证管理者对于专业业务有充分的了解，那就意味着能胜任这个岗位的人，大多来自基层组织。而大多数基层员工没有成为管理者的想法，即使有想法，也缺乏管理经验和管理能力。

　　所以，在员工晋升机制上，企业需要做到：第一，制定优秀人才的培养机制；第二，帮助专才在身份转型为管理者之后，实现意识和能力上的同步转型。

用好奇心实现马斯洛需求理论最高层次的需求

"乃孙屈迹宁百里,好奇学古有祖风。"好奇心是学习和创新的重要驱动力,而学习是员工提高技能、获得进步的重要途径。

员工的好奇心是企业创新发展的原动力。有好奇心的员工可以始终保持对新鲜事物的敏感性,并抓住身边的各种机会,持续学习,不断提升自我,最终实现自己的人生价值。在这个过程中,员工的成长,也会推动企业不断创新、提升活力。所以,培养员工的好奇心至关重要。

故事一:向前一步

在我们身边,总有一些对世界万物都充满好奇的人。对新知识的渴望,对新事物的探索,让他们不断地学习和尝试。这类人往往能在个人和职业生涯中取得好的成就和发展。

公司新入职的市场专员小齐(化名),就属于好奇心很强的人。她活泼开朗,常常把"为什么"挂在嘴边。小齐的主管小金(化名)发现她好奇心强的特点,觉得她是一个懂得上进的好苗子,所以也在有意识地培养她,她有什么问题都会详细地解答。

在一次学术交流活动上，客户不经意提到开发线上培训平台的想法。小齐对此很有兴趣，从开发初衷，到线上培训的方向，再到内容设置等很多细节，她都与客户进行了详细的沟通。

沟通后，小齐发现虽然这个项目和公司主业没有直接关系，却和公司正在推行的一个项目很契合。小齐想既然客户对线上培训平台倾注了很多精力和期许，而公司也花费了许多的人力物力来打通相关资源，不如发挥各自优势，来共同促成项目落地。

有了这个想法，小齐便展开了项目调研。根据项目需求、技术关键点和开发公司意见，小齐做出了一份结构清晰、逻辑严密、详略得当的调研报告。

小金看到这份调研报告时连连称赞，夸奖小齐的市场敏锐度高，还在部门工作会议上号召大家学习小齐这种积极主动的工作态度。之后，小金积极协同几个相关部门，调配了相应的资源和人员，帮助小齐将构想变成现实。

几个月后，线上培训平台上线了。依托这个平台，公司新技术的落地推广得到了良好的反馈。小齐因为在整个项目推进过程里表现出色，被破格晋升。

好奇心让人更善于发现问题，但仅仅有好奇心是不够的。保持学习的习惯和积极主动的态度，才能应对环境的不断变化所带来的挑战，这也是企业实现持续发展和保持活力的秘籍。

故事二：老员工的"蝶变"

生活中每一次经历、每一次挑战，都是学习的机会。在帮助新生力量不断成长的同时，我们也要关注老员工的蝶变，分配一些具有挑战性的新项目或任务给老员工，让他们有机会施展才能，激发他们新的活力，进而创造更大的价值。

之前，我们要交付一批重要的测试样品，客户要得急，任务又繁重，必须有一个踏实负责又经验丰富的人来牵头完成。公司反复研究，最终决定任命老王（化名）来负责这项任务。

老王虽然有非常丰富的实战经验，但突然接受新任务，而且完成时间只有一个月，对他来说也是个不小的挑战。看到老王有些犯难，部门主管老赵（化名）鼓励他走出自己的舒适区，学习一些新东西，在完成这个任务的同时，给自己的未来发展创造更多可能。

在老赵的鼓励下，老王决定来一场与时间的赛跑，他立刻协调项目管理、样品开发、采购、物流等相关部门组建项目团队。为顺利推进项目的开展，老王和项目团队提前识别出项目过程中的关键点和难点，并做出解决方案。

工作之余，老王也在努力学习新岗位所需的知识和技能。而且在学习的过程中，老王也体会到了收获的乐趣。所以，当项目因为缺少现场技术指导而陷入停滞的时候，老王果断站了出来。他几乎放弃了休息时间，对所有的技术问题充满好奇，有时候"走出去"学习经验，有时候把业内资深专家"请进来"咨询，遇到关键技术难点，他一遍一遍请教，一次一次实验，直到将难题弄懂、解决。虽然辛苦，但老王却乐在其中。

项目团队的同事们被老王的坚持和毅力深深打动，和老王一起赶工期、保质量，经过多天的不眠不休，终于如期交付了全部样品，得到了客户的高度评价。通过这个项目积攒下来的技术攻关经验，也让老王成了这一产品的"技术王牌"。

面对岗位的变动和全新的挑战，以积极的心态走出舒适区，选择勇敢地迎接新挑战。这样，才能在不断学习和改进中快速成长，在全新的岗位上实现"蝶变"。

管理点评

美国休斯敦大学鲍尔商学院院长约翰 M. 伊万切维奇（John M.lvancevich）教授在《人力资源管理》一书中提到，企业员工职业发展的四个阶段——学徒、进步、维持、战略思考，与马斯洛需求层次理论中的四种需求——安全、社交、尊重、自我实现，逐一对应。

一个人有了"好奇心"的驱使，就更容易在需求层次上达到自我实现的层次，他的职位也会节节攀升。

所以，企业应该推行"好奇心"文化，激发员工的学习动力和创新精神，不断推动产品和服务的创新，进而实现公司高质量发展。

建立和维持"好奇心"文化并非易事，不但需要企业管理者积极参与和正向引导，还需要企业建立相应的激励机制，让员工能始终保持一颗"好奇心"，让企业活力和创造力经久不衰。

适时打破人和组织惯性

组织惯性是指组织在长时间的运作中形成的某种规律或模式，这种模式可以为组织带来一定优势，但也有可能使组织变得僵化。企业为了保证健康活力，获得持续的竞争力，需要不断调整和创新，打破组织惯性。

"苟日新，日日新，又日新"。打破组织惯性，不但能激发员工的内在创新力，助力企业提质增效，而且能推动管理创新，全面提升管理水平。

本质上，组织惯性是人的思维惯性、行为惯性的体现。打破组织惯性需要激活组织人员的创新性，改变组织人员的惯性和惰性。

故事一：开"路"节流

当创新基因渗入每位员工心中，每位员工都不断创新管理实践，因此企业将重新焕发旺盛的生命力。

之前，为实现降本增效的运营目标，我们的物流团队决定重新评估和优化货物运输路线。当时团队里有人提出，应该在原来运输路线的基础上做优化，这样能稳妥实现年度成本降低的目标。但经过讨论，大家还是决定打破惯性思维，寻找运输路线的更优解。

从收集信息到研究运输路径，再到研究运输时效，经过多次讨论和预演，物流团队最终确定了 11 条冷藏车运输路线，比之前的运输路线多了 4 条。

同时，考虑到产品运输涉及供应商、随车销售员、客户等多个方面，还可能受到天气、温差、路况等突发状况的影响，为确保万无一失，物流部门还制定了应急预案，并根据预案组织相应部门进行了演练。

经过数据模拟，项目组预估新版冷藏车运输路线每年可节约的运输费用达到百万元级别。但是，所谓理想是美好的，现实是骨感的。新调整的路线刚投入使用不久，客服部就收到了客户的投诉。因为路线的调整，部分路线的中转、发货次序等发生了变化，有些产品运输时间由原来的 48 小时变成了 72 小时，客户表示供货效率下降，对他们的产品供应和使用造成了影响。而后，仓库也表示，一天内发两趟冷藏车，来不及备货。

怎么办？继续还是放弃？不搏则无为！物流团队根据仓库和客户的意见，一次次修改路线，调整发货次序，增加周末发货频次，面对困难，见招拆招，最终确定了最合适的物流方案。之后，物流团队联合其他部门，对冷藏车发货的数据进行了跟踪，经过 5 个月的统计，发现使用新路线节约的运费远远超出预期。

团队成员在欢呼振奋的同时，也由衷地感慨：产品会有生命周期，公司亦有它的生命曲线。想让公司的生命线源远流长，不仅是管理层的使命，还需要每位员工发挥主观能动性，在自己的岗位上兢兢业业，共同为公司持续发展贡献力量。

一个蓬勃发展的公司不仅在产品上要推陈出新，管理上亦要破守陈规，摒弃惯性，驱动变革！

故事二：变废为宝

创新型人才都富有创造性思维，能够打破常规思维模式，提出新颖、独特的想法。丰富的想象力还能够帮助他们构思出前所未有的解决方案，从而推动创新进程，为企业提质增效赋能。

运输破损，是我们公司多年来一直努力解决和想要突破的难题。随着业务量的不断扩大，由于运输破损而造成的产品报废量也在不断增加，这不仅对业务发展造成影响，同时也在无形中拉高了销售成本，影响了公司的销售利润。

小高（化名）是公司供应链计划员，主要负责产品的库存管理。在日常处理报废产品的过程中，她发现：质量部门在入库检验时，都是直接根据产品外观来判定产品是否合格的，所以，破损产品中有一部分只是包装盒有一定损伤、内部产品完好且不影响正常使用的，却只能按照报废流程直接安排报废。

"只是产品外观有损伤就直接报废，也太可惜了。"小高在心里感叹着。想来想去，她决定打破思维惯性，和相关部门进行沟通，寻找解决方案。

小高主动出击，与各个上下游部门沟通协调，最终确定了一套方案：

首先，与质量部、仓库、运输货代以及进出口部门合作，分析、总结产品的破损规律，通过改良产品包装和搬运方式，降低破损率。

其次，对于到货破损的产品，质量部门要先根据包装盒破损程度对产品进行分类，分为轻微、轻度、重度三个等级；再根据等级不同做不同的处理：轻微破损产品，对其进行包装盒修复还原后备用；轻度破损产品，在取得客户允许后备用；重度破损产品，设立专门的领用渠道，在公司内部优先领用。

小高把解决方案提交给公司后，领导给予了高度赞许，决定立即按方案实施。果然，破损产品的报废金额同比下降了50%，实实在在地为公司节约了成本。

公司各项业务流程在执行过程中，会逐渐形成一种惯性。各业务部门都习惯了按照本部门的操作手册指导自己岗位的本职工作，形成了思维惯性。有时候，适当地打破这种惯性，可以得到意想不到的收获。

面对外部风云多变的市场环境，企业只有不断打破惯性、进行变革，才能长久生存。想要突破组织惯性，企业与员工必须以一种开放、积极的心态去系统思考，以创新手段革新，调动人的积极性和创造性。

管理点评

　　许多曾经辉煌的企业之所以衰落，究其原因，都是被组织惯性所束缚。

　　当外部环境不断变化时，企业管理者的态度和决策极为重要。做还是不做？重要还是不重要？当管理者被惯性束缚，止步不前，就会形成组织惰性，妨碍企业发展。

　　打破惯性，需要勇气和智慧。面对新任务、新挑战时，是继续在自己熟悉的岗位上周而复始，还是打破惯性，冒着承担一切后果的风险，用积极的心态去思考新的发展？显然后者更能顺应环境，在变化中求变革，实现可持续发展。

　　企业管理者需要用更开放、更包容的管理模式，去鼓励员工创新、创造。这样，在企业陷入困境时，才会有敢于打破惯性、敢于担当的"英雄"站出来推动企业完成变革。

以创业心态去工作

　　对于企业来说，变化是常态，只有不断适应和变革，才能在竞争激烈的市场中立于不败之地。企业的变革，往往需要员工的变革来支撑，所以，我们应该鼓励员工持创业心态。

　　面对挑战性的任务、面对矛盾重重的沟通、面对棘手的难题，拥有创业心态的员工更能以从容、坦然的心态去应对，把每一次挑战和困难都转化成强劲的动力，向更高、更远的台阶迈进。

同时，拥有创业心态的员工自身也有较强的学习能力，他们能够在快速变化的环境中，迅速调整自己的思维和行动，以应对各种不确定性。

故事一：用"创业思维"直面挑战

带着"创业思维"去工作时，员工会更有勇气去面对困难与挑战，通过不断创新和尝试，积极寻找解决问题的方法。这种"创业思维"不仅有助于员工个人的成长和进步，也对企业的创新和发展具有重要的意义。

小玲（化名）在入职公司之初，负责产品管理工作。因为以前没有接触过这个领域，对市场环境不够敏感，她在实际工作中遇到了很多困难。而且，当时公司正在布局很多新业务，构建了很多新的方法和流程，这些都在倒逼小玲快速学习。

面对巨大的学习压力，小玲也很苦恼，偶尔也会抱怨。后来小玲想，与其烦恼，不如直面挑战，她心想："我就当作自己在创业。"

　　小玲带着"创业思维"，全身心地投入工作中，她花费了无数的夜晚包括节假日，自学了专业的原型设计知识，协助研发完成了数据库的设计，还定期与同事分享市场信息、前沿文献和最新技术的发展情况。

　　在年终总结时，主管问小玲："这一年你最大的感受是什么？"

　　"虽然很累，但我有了很多的收获和成长。起初我也会很情绪化，觉得我的工作这么多，又这么难，好像总在付出。但是当我投入进去，直面挑战的时候，反而感觉累并快乐着，每一天都有收获、有进步。感谢公司给我提供了这么好的平台，让我可以施展拳脚，快速成长，也感激公司对我的培养。"

　　如今的小玲已经成为新业务领域的"专家"，开始指导新人。而她所在的项目组，也获得了卓越贡献团队奖。

　　当员工将"创业思维"融入实际工作中时，会将困难和挑战视为学习和成长的机会，而不是障碍。他们会从失败中吸取教训，从挑战中获得经验，不断提升自己的能力和素质。员工突破自己的同时，也会为企业注入活力。

故事二：跨岗救难，勇于承担

员工拥有创业心态，才能在面对困难时不退缩，不推卸责任。使命感会推动他们更加积极主动地完成工作，持续为企业发展贡献力量。

项目负责人老王（化名），曾负责一个很紧急的新项目，这个项目的成员几乎涉及了公司的所有部门，项目相关的许多专业问题也超出了他的认知范围。在项目推进过程中，出现了让很多企业头疼的跨部门协作难的问题。

产品部门说技术部门提供的成果无法支撑市场需求，要求技术部门提供更好的产品；技术部门则质疑产品部门推广工作不到位，导致市场反馈不好。

"这样各说各话，各做各事，以后的工作还怎么推进啊。"老王说。

"对啊，老王！你得给个说法啊！"

两个部门之间的沟通和协作效率低下，对原本就十分紧急的项目来说，真是雪上加霜。老王绞尽脑汁，一直找不到突破口。最后，老王想："我如果是一个创业者，要协调部门协作，我会怎么做呢？"

带着这种心态，他重新梳理了整个项目的进度，将每个部门的分工与交集进行对比和整合。同时，他主动和项目组每一位同事交流，了解每个人主要的困难点在哪里、有什么好的解决方法、还需要什么资源支持……

为了让项目如期交付，老王白天开会，晚上梳理项目逻辑主线、关键点、修改方案，第二天继续和项目组成员交流，同时寻求第三方的建议，再和项目成员交流、修正。付出总会有回报，经过一段时间的努力，老王提交了一份既满足公司整体项目要求、又能解决各方关切点的项目修正案。

使用这份修正案后，项目进展非常顺畅，虽然偶尔还有一些"小磕绊"，但有了前期的积累，出现问题时项目组成员都能很快地予以响应和解决。最终，他们按时保质保量地完成了这个项目。

管理点评

拥有创业心态的员工，往往都怀有一颗感恩的心。这种感恩的心态源自他们对工作的热情、对团队的认同以及对个人成长的珍视。拥有感恩的心态，除了能促进个人成长、减少职业倦怠以外，还能营造积极向上、和谐共进的团队氛围。

想让员工怀揣感恩之心，以创业心态去工作，企业需要建立一种开放、包容和互助的企业文化，在日常管理工作中注重员工的个人发展、工作幸福感和获得感，为他们提供必要的支持和帮助。这样的企业文化能够让员工更加珍惜自己的工作，更加感恩企业的培养和机会，进而更努力地为企业创造更大的价值。

"感恩"是一种心态，企业需要提供土壤和肥料，而如何吸收养分向上生长则需要员工自我修行。

工作方法新解：共享与沟通

在组织沟通的正式渠道中，信息通常沿着三个方向流动：向上、向下和平行。以组织层级为基础，信息从高层向低层流动时，"下行沟通"（downward communication）就会出现，反之就是"上行沟通"（upward communication），同一层级的信息流动则为"平行沟通"（horizontal communication）。

从企业管理角度来看，共享与沟通是管理行为和组织文化中的重要组成部分。"善言者友，善听者仁。"努力营造"善分享，强沟通"的企业文化氛围，可以驱动员工思想与情感的共同进步与成长。

故事一：建立共享文化机制

良好的团队氛围有助于增进人际关系的和谐，提高群体内部的心理融合程度，从而产生巨大的心理效应，激发员工积极工作的动力，提高工作效率；而不良的工作氛围会让员工疲惫、沮丧，并将这种情绪传染给团队其他成员，造成整个团队的士气低迷。

那究竟如何建立积极的团队文化氛围呢？

销售员小章（化名）因为业绩和其他各方面都表现优秀，被任命为区域市场负责人，公司期待着她能带领团队攀登高峰，再创佳绩。

但是，小章上任后，团队的业绩并没有如大家所期待的那样不断攀升。公司管理层开始质疑：是人选错了，还是存在其他原因？

领导和小章以及她团队中的其他成员谈话之后，得到的结论是：小章虽然个人能力优秀，但晋升之后，没有转变自身角色，还像销售员一样一心抓自己的业绩，没有将自己的经验和方法共享给团队成员，没有起到领导作用。

了解原因后，部门负责人老江（化名）找到小章，语重心长地说："小章，你现在是团队的主管，你要转变观念，在工作上要和团队成员分工协作，多思考一下怎么带领团队。现在光你自己优秀可不够了，要像队长一样带领着你的队员共同进步才行啊。"

在老江的耐心指点下，小章意识到自己习惯了单打独斗，忽略了团队成员的成长。之后，她快速调整了自己的工作方式，将工作重点放在了对团队的培养和能力训练上。她把自己的业务知识和经验分享给团队成员，并亲自指导团队成员完成销售任务。

她还在团队内部建立了共享文化机制，倡导个人业绩与团队业绩统一、每个人都是团队的一员、团队的业绩归根结底是属于每位成员的。很快，小章就带领团队创造了可喜的业绩。小章所建立的文化共享机制，也在整个公司得到推广。

建立共享文化机制，可以让沟通和协作更加顺畅，工作效率更高，创新能力更强，不断推动企业持续发展。

故事二：沟通，建立信任的基础

有效的沟通不仅是信息的传递，更是心灵的接触和情感的交流。学习有效沟通的技巧，可以帮助人们在建立信任和尊重的同时解决分歧。

小王（化名）是公司新任命的主管，工作认真负责，各方面表现都很出色，部门负责人老刘（化名）很赏识他。但是，老刘发现小王很少当面和他汇报，工作沟通都是通过邮件完成的，向下属部署工作也总是通过电子邮件。而他的下属，除非必要，也都是通过电子邮件回复工作进度和提出问题，很少和小王进行当面沟通。

虽然这是一件小事，但老刘意识到，小王的部门明显缺乏向心力和凝聚力，部门成员都只是按部就班地完成工作，很少交流，面对问题也常常缺少想法和创新。

老刘决定找小王谈谈："小王，作为主管你平时要多和自己的部门成员沟通，不能只依赖电子邮件来交流。你要多了解员工遇到的困难，并真诚地给予帮助，用心与员工沟通。每一次谈话和鼓励都是走入员工内心的机会，只有和员工保持良好的沟通、建立信任，才能提升团队的凝聚力和战斗力。"

"以前我可能习惯单打独斗了，以后我会改变自己和团队交流的方式，多和团队成员面对面地交流。"后来，小王逐步调整了工作和沟通方式，部门员工的工作热情和工作效率也发生了积极变化。

良好的沟通可以建立更加稳固的信任关系，而相互信任、团结协作能驱动整个团队稳步向前发展。

故事三：打破沟通壁垒

在工作中经常会遇到这样的情况：明明大家都是为了一个目标努力，却成了彼此的阻力而非助力。如何让部门之间的协作更加顺畅，这是很多企业都在思考的重要课题。

一次，企划部主管张月（化名）发现，一篇宣发稿件迟迟没有提交上来，就叫来负责发稿的小王（化名）了解情况。

"之前已向产品主管发出稿件请求，但是到了收稿日期，仍未收到稿件，我也束手无策啊。"小王说。

产品主管对于没有按时交稿也有一番说法："我手上有很多工作，虽然收到了稿件请求，但后期没有人催进度，交稿的事情就被搁置了。"

类似这种情况，在这两个部门之间时有发生，虽未造成严重后果，但也影响了公司的宣传工作。之前很多次都是领导出面调解，才没有激化矛盾，但总不能次次都找领导。于是，张月开始试着自己和产品部沟通，她主动倾听对方的意见和难点，通过换位思考来营造良好的合作氛围，并和对方一起寻找解决困难的方法。

建立起良性沟通以后，每次发出稿件请求，双方都会对任务内容、标准、时间等达成共识，而不再是简单地"发出稿件请求"，从而保证双方能够按时、保质地完成协作项目。

企业就像是一台精密的仪器，每个部门都是一个部件，只有实现部门间的高效沟通，仪器才能稳定运转，打通经营和管理的闭环，实现持续发展。相反，如果缺乏有效的沟通，齿轮无法严丝合缝，就会产生摩擦，影响企业运转的效率，阻碍企业的发展，甚至关系到企业的生死存亡。

所以，企业要建立有效的沟通机制，创建良好的沟通文化，进而打通部门之间的沟通壁垒，让跨部门沟通合作更加顺畅。

故事四：消除沟通障碍

在沟通课题中，最重要的一环莫过于向上沟通。良好的向上沟通能力不但能让工作开展得更为顺利，对员工个人的发展也有着积极的影响。

小红（化名）是一名技术工程师，之前作为项目负责人参加了部门项目的汇报会。由于项目进度有些落后，小红在汇报一开始，就罗列了实验指标不合格、成本超预算、成员常请假等一系列问题，这让主管老张（化名）很失望。

于是老张打断小红的汇报，说："小红，你回去重新整理一下汇报材料，按照'陈述结论 - 提供论据 - 列出解决方案'的顺序来整理。明天一早找我单独汇报。"

小红感受到老张的失望，回到自己的办公桌前，看着眼前厚厚的一沓项目材料，思考着老张的提示，想起之前公司的培训资料库里有一门关于汇报的课程，因为当时工作忙就没有及时学习，于是赶紧找出来学习，然后根据课程里的方法技巧和老张的要求重新准备了汇报材料。

第二天一早，小红找到老张，采用金字塔结构的汇报方式，将项目进展情况、存在问题以及解决思路一一做了汇报。老张听完汇报，对项目的情况有了深入的了解，夸赞小红今天的汇报逻辑清晰、条理分明。

有了清晰的汇报作为基础，老张很快就明白了应该在哪些方面予以小红帮助。之后，在老张的支持下，小红负责的项目进展顺利，最后圆满地完成了交付。

"现代管理学之父"德鲁克说过："一个人必须知道该说什么，什么时候说，对谁说，怎么说。"向上沟通是一个重要课题，不可忽视。员工与上级之间的有效沟通可以促进团队内部的协作和配合，避免信息孤岛和误解的产生。当团队成员都能够与上级保持良好的沟通时，整个团队的工作效率和质量都会得到提升。

管理点评

在价值取向多元化和性格气质个性化的今天，沟通显得极为重要。科学的沟通技巧和正确的沟通方法往往能收获事半功倍的效果。

良好的沟通文化对企业管理的重要性不言而喻。员工的工作汇报、合理化建议以及工作中存在的困难、委屈和抱怨等"上行沟通"；管理者的工作部署，对公司发展战略、流程的宣贯以及经验、教训的传授等"下行沟通"；部门之间的协调配合、信息共享等"平行沟通"，任何一个层面的沟通出现断裂，都会直接影响企业的行动力和凝聚力。

当企业注重沟通与共享时，内部协作会更加顺畅。部门和员工之间通过共享信息、交流想法打破壁垒，提升工作效率和质量，在公司内部形成统一合力，才能更好地完成工作任务。

沟通共享的企业文化还能激发员工的创新思维，在开放、透明、相互信任、相互支持的工作环境下，员工也会有更高的满意度和忠诚度，更愿意为企业的持续健康发展贡献力量。

向前一步，创造更多可能

"熵增定律"揭示了自然界中一个普遍且看似无法逆转的趋势：系统总是趋向于熵增，也就是从有序状态向无序状态发展。

根据"熵增定律"，生命乃至整个宇宙，最终的命运都是走向消亡。因此，很多人说"熵增定律"是个让人绝望的物理定律。

在企业经营管理过程中，我们要从"熵增定律"中汲取灵感，积极面对困难，寻求解决策略，推动创新和变革。在面临市场变化和竞争压力时，我们更要敢于打破旧有的模式和框架，引入新的思维和方法，克服"熵增定律"带来的挑战，以实现企业的长期稳定发展。

故事一：一份特殊的分析记录

一个高效的团队，往往都有阶段性复盘的好习惯。通过复盘和自省，能不断增强团队的自驱力和创新力，推动产品和管理的更新、迭代。

小刘（化名）是我们公司的一位部门主管，有段时间，他总觉得工作太多，忙得不可开交，对团队的管理也松懈下来。这导致团队成员的工作状态出了问题。团队成员像无头苍蝇一样没有规划，看似每个人都忙忙碌碌，但工作效率低下，执行力也很差。发现这个情况后，小刘决心要改变现状。

一天早上，小刘同往常一样，写下了自己当天的工作计划，打算按照时间安排，一项一项地完成任务。可一天下来，工作效率还是没提上来。第二天，他突发奇想，决定事无巨细地记录下一天所做的事情，看看一天的时间到底都去哪了。

一天结束后，他兴奋地查看自己的工作行为记录，结果却让他大吃一惊。他在一天内真正做的事情，和当初的设想竟完全不一样。他实际上做了很多琐碎的"杂事"。作为部门主管，除了本职工作外，他还要帮助部门成员解决各种各样的问题，比如一个跨部门的咨询电话就占据了他一个多小时的时间。而这些都不在他原本的工作计划中。最终经过统计，这些"杂事"竟然占据了他 70% 的工作时间，而计划里重要的事却只占了 30%。

他想起自己曾经看到过这样一句话："一个人，只有向内思考，不断自省，才能拥有向上的力量。"这些"杂事"，就如同道路旁的灌木丛，时间长了，如果不及时清理，就会堵住前方的道路。如果"杂事"越来越多，人就会被困在琐碎里面，无法喘息，也无法看清前方的道路。

有了这样的感悟，小刘立即在团队中建立了精准的时间管理机制，明确了自己和团队成员的时间分配，果然团队的工作效率和执行力得到了明显的提升。

不断地自省和复盘，能帮助我们理清工作思路，及时发现工作中的问题和不足，避免问题扩大化或重复出现。这种及时纠偏的能力对于保证组织的稳定运行和持续发展至关重要。

故事二：借力而行

如果把团队比作一座高楼，那员工就是搭建这座高楼的砖。每块砖固然坚固，但是要让一块一块的砖筑成结实的墙，不可或缺的则是砂浆——团队配合。

小俞（化名）是一个大客户的责任销售员，在明确客户需求后，他准备了一份详细的项目推荐书前去拜访。本以为这个项目十拿九稳，但到了拜访客户的现场，小俞发现竞品公司的人员早已抢先一步，而且客户反馈对方的报价更具有竞争力。

"不能就这样白白流失客户，必须想办法挽回。"小俞心里盘算着。他把困难汇报给了主管。主管思考后，决定："我们要借助团队的力量共同配合，完成一个更加全面的项目方案。"于是，销售、技术应用、区域市场、仪器维修、售后等多个部门共同展开讨论，一起制定项目攻坚方案。

销售员和技术应用人员打头阵，去拜访客户的检验科，提出实验流程优化方案，帮助科室提高标本的周转率，并介绍项目检测的意义和产品优势。销售员和区域市场人员去拜访客户的临床科室，解决临床工作者对开展新项目的疑惑，增进客户方对项目开展的技术优势和难点的了解，并根据临床需求协调报告时间。而仪器维修人员则详细制订了一份维护保养计划书，并协同售后团队共同为服务满意度保驾护航。

通过各团队和客户部门的多次沟通，最终我们给客户交出了一份全面整合的项目计划。这份项目计划的全流程追踪服务得到客户的高度认可。最终，客户选择和我们公司合作。

团结协作、相互配合是企业取得成功的关键因素之一。当每个团队或成员都能在擅长的领域发挥最大价值，并通过相互支持和补充形成合力时，就能够为企业创造出更大的价值。

管理点评

在企业发展的过程中会遇到很多问题，大多数时候，我们都会选择就事论事地解决问题。但其实，很多问题并没有表面看起来那么简单。

比如销售部门的工作进度没有达到预期，反馈说是因为人手不足，但其实根源是工作效率问题。如果只是招聘更多的销售员，虽然能够解决眼前的问题，但人均效率没有得到提高，时间一长，销售部门的工作效率又会落后于集团业务发展水平。

这种忽略长远、只顾眼前的管理方式，是企业熵增的主要原因。如果不积极采取行动，任由熵增发生，那面临的后果将是员工消极怠工，客户满意度越来越低，合约不断流失，最终陷入混乱和无序中，直至衰败。

因此，我们需要具备"反熵增"的思维，用开放、创新、科学的管理理念来对抗系统内部的混乱和无序。不管做任何事情，处理任何问题，都要多想一步，多走一步，谋未来，计深远。同时，企业还需要通过建立有效的沟通机制、不断优化内部流程、鼓励员工创新等措施来对抗熵增，让企业持续保持活力和竞争力。

胜任力新解

随着时代的进步和企业环境的变化，管理者胜任力的定义也在发生变化。

在工业经济时代，由于业务模式较为单一，对管理者的胜任力要求主要集中在专业技能和执行力上。

而今天的知识经济时代，对管理者的胜任力提出了更高的要求。如今，管理者除了需要具备更广泛的知识和技能，还要有多岗位实务经验。我们称之为"双重胜任力"。

"知所不豫，行且通焉"，今天的管理者应该是而且必须是善于学习、能够快速适应变化的管理者。

故事一：管理者知识模型

在当今这个快速变化的时代，管理者不仅要精通业务，还要善于学习，只有这样，他们才能带领团队更好地完成工作任务。

小张（化名）是业务部门的新任负责人。上任后，为了更好地挖掘公司产品的发展潜力，推进新一轮项目立项，小张带领部门成员对那些曾经研讨过但没有成功推广的产品进行一一复盘。

在复盘过程中，大家发现需要评估的产品数量多达上百种，涵盖的应用领域也非常广。有些组员因为拥有产品应用领域的相关经验，能较顺畅地推进。但有一些组员因为缺乏相关经验，提出的项目计划漏洞百出，即便做了多次优化调整，也无法顺利推进。接连的受挫，让团队士气低落，组员们都怨声载道。

"这些领域咱们之前从来没有接触过，真不知道要从哪里下手！"

"是啊，完全没有头绪。"

面对备受打击的组员，小张说："大家先别着急，我们要先了解和熟悉产品应用的临床和市场信息，把握好项目定位，做好查缺补漏工作。我们先把那些技术盲区和难点问题收集起来，然后请外部专家来指导。"

小张带头学习相关专业知识，并在部门内部倡导"一带一"的互助式学习。同时，小张针对组员各自擅长的业务领域，提出了差异化的应对方案。最终，整个项目得以稳步推进。

管理者要善于学习，通过不断的学习和实践，增强自己的胜任力，从而在职场中获得更多的机会和成功。

故事二：自带社会责任"基因"

判断一家公司成功与否，不仅要看盈利情况，还要看它所承担的社会责任以及对人类社会发展所做的贡献。

多年来，我们公司始终以"专业、精准、高品质"的态度帮助患者获得精准诊断。提升检测的时效性是我们一直努力奋斗的目标。

老李（化名）所在部门的主要工作任务就是出具检测报告。除了准确性，这份工作对时效性的要求也非常高，从接收样本到出具报告需要在 24 小时内完成，其中任何一个环节出现问题，都会直接影响检测报告的时效性，耽误医生对患者病情的判断和诊疗。

一个风雨交加的夜晚，实验室值班员收到一份外部送检标本。由于错过了当天的检测批次，按照常规流程，只能在 36 小时后出具检测报告。但送检医院的工作人员反映患者的病情十分危急，临床医生需要根据检测报告来诊断病情，希望能尽快拿到检测报告。

于是，老李果断地决定和同事一起连夜加班将报告赶出来，尽快送到医生手里。经过大家的努力奋战，终于赶在第二天凌晨 5 点完成了所有检测流程，出具了检测报告，并在第一时间发给了同样在深夜坚守的医生。

在公司的多年发展和经营中，像老李他们这样"以客户和患者的需求为中心"的故事不胜枚举。加大产品研发力度，以客户需求为中心，提升患者体验感——为什么管理层会一直坚持这样的选择？因为公司的初衷就是为社会提升医疗价值，为人类健康事业做出贡献。正是因为管理者坚持以客户和患者的需求为中心这种"润物细无声"的影响，让社会责任成了公司基因的重要组成部分。

当企业管理者将履行社会责任内化于心、外化于行，他会有更强的道德素养和社会责任感，在员工和公众中的个人形象和影响力会不断提升，进而推动企业的可持续发展和社会进步。

管理点评

伴随着公司不断发展壮大，需要大量熟悉公司业务、文化且具有管理能力的人才，承担部门的管理工作。这时，会有一批核心员工从基层走向中层，甚至走向准高层、高层。

对于这些晋升的员工来说，如何适应自己的职位和身份的转变，是一次艰难的挑战。一个具象的管理者胜任力模型，能够产生极大的助力，既可以明确员工自我评价的标准，也给新晋升的管理者在能力提升方面指明了方向。

在微组织中淬炼出领导力

在公司的经营中，每天每时都会遇到新的问题、新的挑战。现实中，这些日常的问题和挑战，主要都是由基层管理者发现并应对的。因此，公司需要一大批愿意承担责任，同时也具有知识力的基层管理者。

"宰相必起于州部，猛将必发于卒伍。"基层管理者是公司的重要基石，也是公司管理文化的夯实者，是"微组织中的CEO"。

所谓微组织，一般是指不超过 25 人的基层组织。公司内部的所有组织，都是由一个一个微组织组成的。管理者的领导力，往往就是在这些微组织中通过不断解决问题，被逐渐淬炼出来的。

故事一：一套组合拳

管理者在做决策时，往往会遇到多方面的矛盾冲突。如何化解矛盾，做出正确的决策？这需要管理者具备全面的视角、强大的分析能力去"平衡"各种利益关系，从而维护组织的稳定和发展。

老王（化名）是我们公司新任的区域销售负责人，他接手的区域虽然市场潜力大，但业务发展一直不尽如人意。老王临危受命，公司要求他必须在一年时间内改善该区域的业务发展情况。他的到来，也引起了部门员工的议论。

"这么大的烂摊子，这么多年的遗留问题，新来的主管能找到头绪？"

"咱们这就一家经销商，连话语权都没有，还谈什么
利润？"

面对大家的质疑，老王想用自己的行动来回答。他先是仔细
了解区域市场的历史数据、医疗政策、渠道结构。随后，他深入
当地市场实地调查走访。经过近一个月的摸底调研，老王梳理出
阻碍区域发展的四个棘手问题：

第一，管理模式问题。前任负责人多年来一直采取"遥控指
挥"的管理模式，导致决策和市场实际情况脱节。

第二，员工业务能力问题。员工专业技能培训缺乏，特别是
实操能力的培训不够，导致员工业务水平普遍偏低。

第三，渠道结构不合理。该区域市场份额很大，却只有一家
经销商，造成了经销商一家独大的危险局面。

第四，组织惰性严重。在开展业务、推广产品的过程中，
过于依赖经销商，久而久之，与客户的连接减弱，客户关系基
础差。

面对这么多需要平衡和解决的问题，老王制定了一套组合解
决方案：

首先，对于"人"的问题，老王先了解了每个员工的专业背

景和特点，进行个性化的培养，针对有潜质的员工，采用激励政策，提高员工的积极性和创造性。

其次，调整业务渠道。老王在该地区引入了另一家实力较强的经销商，对市场份额进行了重新分配，既不过分触动现有经销商的利益，又能发挥鲶鱼效应激发经销商动力。

最后，激活组织。老王通过开展市场调研了解客户需求，为客户提供更好的产品和服务，进而增强客户的信任感和忠诚度。

有了这一套"组合拳"，经过一年的深耕细作，该区域的业务逐步走出了低谷，业绩考核位列公司所有区域市场的第一名。

当公司管理系统出现问题时，管理者应建立系统的全局观，努力平衡各方利益，通过多种方式找出最优解，引发内外联动的连锁反应，这样才能达到一加一大于二的效果。

故事二：学会系统性思维

我们不能"头痛医头，脚痛医脚"，看待问题不能只看表面，要学会进行系统和全面的分析，这样才能找到问题的本质。

之前，为了实现可持续发展，公司计划拓展新的产品线，领导把这项工作交给小李（化名）负责。

在项目规划之初，小李觉得试剂有合作方提供，仪器平台是公司自有的，只需要进行一些性能验证试验，将试剂和仪器进行适配，达到产品技术要求，就能顺利推进了。因此，他认为只需要 6 个月的时间，产品就能顺利上市。

小李的主管小勇（化名）仔细阅读这份项目计划书后，发现了很多漏洞和不足。计划书里只考虑了试剂和仪器适配这一最终目标，但缺乏系统的考虑，遗漏了很多影响因素，如产品的成本利润测算、如何进行产品品牌包装、多个仪器平台是否都能匹配、如何控制产品质量、上市后产品的定位等。另外，每个环节都需要与多个部门协同合作，对于这种跨部门沟通的工作也有很多的不确定性没有被考虑到。

于是，小勇找来小李，告诉他："小李，你思考的角度太片面，也太单一了，很多细节你没考虑全面。你要用系统性思维，全盘规划这个项目。"

在小勇的引导下，小李从项目前期准备到产品上市、供应，再到市场推广等方方面面，都重新进行了细致分析，并且与相关部门进行了沟通和协商，还对项目存在的风险点进行一一识别并制定了相应预案，最终形成了一份系统、全面的计划书。

有了计划书的指导，项目推进非常顺利，达成了预期目标。

美籍奥地利生物学家路德维希·冯·贝塔朗菲（Ludwig Von Bertalanffy）在1937年提出了"一般系统论"，指出系统是由相互作用和相互依赖的若干组成部分结合成的、具有特定功能的有机整体，而系统本身又是它所从属的一个更大系统的组成部分。他强调整体与局部、局部与局部、系统本身与外部环境之间相互依存、相互影响、相互制约。

企业组织也是一个这样的系统。所以，我们在经营和管理中，需要有意地拔高自己的位置，站在全局的角度看待问题、思考问题。系统化思维就是这样一把钥匙，能够帮助我们从整体的维度关注过程，这样以前看不惯、看不懂的现象就迎刃而解了。

管理点评

尽管组织规模不大，但微组织的责任人同样承担公司的信托责任，接受公司的绩效考核。因此，微组织的责任人必须克服困难、挑战，保障这一基层组织的健康运转和发展。微组织的责任人实际扮演了"微组织中的CEO"角色。

在企业经营管理过程中，遇到问题和挑战最多的就是基层管理者。一次次的磨炼，不仅会让基层管理者掌握大量有效的方

法，收获丰富的管理经验，而且能开阔眼界，坚定信念。优秀的
基层管理者比那些理论水平高于实践能力的人，更适合作为未来
的高级管理者去培养、淬炼。

周而复始的自我"解冻"

美国社会心理学家库尔特·勒温（Kurt Lewin）提出，任何
事物都处在一对相反作用力之下，且处于平衡状态，其中推动事
物发生变革的力量是驱动力，而试图保持原状的力量是制约力。
在勒温的组织观下，公司组织的有效变革应该是："解冻"现状，
向理想状态变革。员工的个人成长，也是同样的道理。

本质上，员工依赖于公司组织而存在。因此，员工的岗位、
职责、知识、能力等方面的"解冻、变化、再冻结"，会是长期
且周而复始的过程。为了实现个人更好的发展，自我"解冻"是
员工职业发展的第一步。

故事一：自我蜕变

每位员工都可以在平凡的工作中成就不平凡的自我，在一次
次蜕变中绽放自己的光彩。

小郭（化名）原来主要负责"客服热线"。后来，公司进入新的发展阶段，对组织框架结构做了调整，将客服和售后部门合并到了业务总部。调整后，除了担任客服，小郭还需要负责公司产品的售后服务及备案工作。

当时，新组织架构刚刚建立，部门职责分工还不是很明确，互相推诿、扯皮的现象屡见不鲜。而小郭新增的工作内容中，就有很多涉及部门数据整理和汇总的工作。这些工作很琐碎，而且需要多个部门协商配合。面对这些"难啃的骨头"，大家都觉得小郭的工作"吃力不讨好"。

"小郭，不在自己职责范围内的工作，就不要这么拼了。"同事好心地劝她。

"没事的，这些数据比较重要，总需要有人来梳理。"

小郭想，凡事多做些，不会有坏处。白天做不完，就晚上加班做，在累的时候，她也想过放弃。但真就这样放弃了，此前的积累就前功尽弃了，责任心驱使她咬牙坚持了下去。

在梳理过程中，由于自身知识储备不足、资源短缺，小郭遇到了很多困难和阻碍。但聪明好学的她，总会积极思考和学习，找准突破点，把问题逐个击破。她的工作能力和态度，得到了部门主管的肯定，很快就被晋升为业务主管。

在任职大会上，小郭说："有些困难，在我们面对和解决它的时候，会感觉很辛苦，但当我们战胜它的时候，回过头再看，会有'一览众山小'的感觉。"

在工作中，每个人都会不断迎接各种挑战，其中最难的便是战胜自己。唯有努力蜕变，方能收获自身的成长与技能的迭代。

故事二：取舍之间

面对新环境与挑战，员工需要在一次次的取舍与选择中成长，不断刷新认知，成为更好的自己。

小赵（化名）原是公司的一位区域总负责人，后来被调到集团总部，负责管理全国的综合业务团队。集团总部和他的居住地不在一所城市，到集团总部工作就意味着要常驻异地，无法经常陪伴家人。如何平衡工作和家庭之间的关系？小赵心里很纠结。

想到公司对他的信任以及业务发展需要，小赵毅然决定服从公司安排。到集团总部履职之前，他做好了妻子的思想工作，安抚好年幼的孩子，让老人放心，然后踏上了北上的征途。

到了新的工作岗位，小赵先是梳理工作任务和流程、熟悉部门人员，然后和团队一起复盘工作，找出部门工作存在的问题，同时积极和客户建立连接，倾听客户诉求。

在这个过程中，小赵发现有一个多年没有达成合作的潜在客户。小赵通过查阅客户资料，详细分析客户真正的需求和期望，并根据自己多年的业务积累，带领团队共同制定了全面且可落地的销售方案。在后续的客户拜访过程中，全新的销售方案很快打动了对方，双方确定了合作意向。在小赵的带领下，集团总部销售管理工作有了新的突破，团队成员的士气不断提升。

面对工作环境的变化，面对层出不穷的工作难题，只有不断学习，敢于突破和创新，才能实现岗位和能力的自我"解冻"。

管理点评

当工作中遇到困境或瓶颈时，有些人通过调整心态、提升技能来实现自我"解冻"，也有些人选择逃避退缩、消极抱怨来自我冻结。这两种选择所产生的结果当然是不言而喻的。那为什么在困难面前会有不同的选择？或者说，为什么有些员工能够自我"解冻"呢？

首先，最主要的原因是他们对公司的使命、愿景和价值观的高度认同以及对自己成长和发展的强烈追求。

其次，他们有很强的自驱力，在挑战和困境面前，能够用积极的心态去应对，努力克服障碍，实现自我突破。

最后，在通往自我价值实现的路上，他们能够打破保守意识、打破舒适区、打破既有习惯，通过改革和创新来推动公司发展和自身的进步。

因此，企业要通过改善工作环境、建立激励机制、关注员工成长等方式，提高员工归属感和自驱力，进而引导员工创造更大价值。

第4章 自我"人性解冻"

04

一个健康的组织，需要每一个员工都有积极的心态和行动。但是懒惰是人类的天性，如何克服这种惰性，激发员工的积极性呢？

美国心理学家道格拉斯·麦格雷戈（Douglas McGregor）于 1957 年提出了 X 理论（theory X）和 Y 理论（theory Y）。

X 理论是对人性的消极认识。该理论假定员工没有抱负，不喜欢工作，只想逃避责任，因此需要严格的管理和监督才能发挥他们的最大潜力。

Y 理论则对人性抱有积极态度。该理论假定员工热爱工作，勇于承担责任，具有自觉性，认为应当采用赋权和激励的方式来管理员工，鼓励员工自我发展和自我管理，以达到更高的绩效。

在过去的很长时间里，资本家们都倾向于 X 理论，习惯通过严苛的制度来压榨劳动者的剩余价值。而今天，随着劳资关系的变化、人才重要性的提升以及企业对组织问题、员工价值的重新界定，越来越多的企业开始倾向 Y 理论。

认同 Y 理论，意味着在管理风格上，企业会更加注重激发员工的"主人翁"精神，提升他们的积极性和创造力，鼓励他们在遇到困难、挫折时，更积极地进取，打破个人惰性，并通过个体态度影响团队，提高团队整体的绩效和业绩。

相向而行的"主人翁"精神

建设企业文化的最佳途径是双轨并行:其一,管理层能够深度理解和坚决贯彻企业文化建设的主导思想;其二,员工能够自我觉醒和行动。当管理层和员工"相向而行"后,企业文化建设往往会获得令人满意的结果。

《管子·形势解》中提到:"海不辞水,故能成其大;山不辞土石,故能成其高;明主不厌人,故能成其众。"首先,企业需要有足够包容的态度,鼓励并引导员工扮演"主人翁"的角色,充分发挥主观能动性。其次,当员工把自己当成企业的主人,去做一些事情的时候,企业应该提出表扬、进行激励,推动员工与企业"相向而行"。

故事一:"这事儿我来吧"

过去,为了提升企业经营和管理的效率,在科学管理思想的指导下,企业按照不同的专业职能,把组织拆分成了一个个部门。而现在,这种组织模式反而成了"各人自扫门前雪,莫管他人瓦上霜"思维方式的温床。

为了解决这种问题,很多企业开始推动流程化变革,但机制的重塑,不能解开员工思维层面的桎梏。真正从根本上解决问题，还是要从激发员工的"主人翁"意识入手。

小叶（化名）加入我们公司的时候，正赶上业务提速、组织架构调整的阶段。有一次，小叶所在的工作组和另一个工作组在合作某个项目时出现了问题，两个小组就责任归属出现了意见冲突。对方直接把责任推给了小叶所在的项目组，旋即遭到小叶的反对，小叶据理力争，把责任推回给了对方。

随后，小叶将情况如实汇报给了主管老刘（化名），小叶原以为老刘会支持他的做法，但老刘却给了小叶"当头一棒"。

老刘对小叶说的第一句话就是："从你的角度，从部门角度，这样做是对的，但是输的却是公司，而不是'有些部门'。的确，这件事情的职责在他们部门，他们这样甩责更不对。但你认为，这件事情交由一个部门负责，就能够处理好吗？"

"不能。这个项目比较复杂，涉及多个部门的业务职能，新组建的项目组成员中新人居多。"小叶仿佛意识到老刘这么问的用意。

老刘又语重心长地说："这是公司级的项目。如果我们每个人都拘泥于职责的划分和部门的'藩篱'，而不是将高效完成项目作为目标，能行吗？职责分工不合理，可以去调整；能力经验不足，大家可以一起想办法，但是因为所谓的'不合理'而互相推诿，导致项目失败，受损的其实是大家，谁都不能独善其身！

做工作的主人，事事为企业着想的'主人翁'精神才是一个职场人应该持有的心态。"

听完老刘的话，小叶陷入了沉思。"如果这件事情交给你来处理，你觉得自己是否有能力将这件事情处理好？"老刘接着问道。

"没问题。"小叶不假思索地回答。

之后，小叶主动找到合作项目团队的负责人，向他承认了自己的错误，并承诺带领团队和兄弟团队相互支持，为项目的成功落地共同努力。对方见小叶主动道歉，自己也感到非常愧疚，毕竟主要责任在他们，于是也主动表态，会尽最大的努力来配合小叶的工作。

经过这件事情后，每每碰到合作项目，小叶总是会说："这事儿我来吧！"他的这句口头禅，也慢慢在同事间流传开来。

让员工具备"主人翁"精神，最大的优点就在于，面对问题，他们会主动去思考解决问题的方法，并且是从最有利于企业的角度出发。

故事二：多做一些工作

有些企业的"主人翁"文化，总是表面一套，背后一套。需要员工加班奉献时，就说企业是大家的，需要大家共同努力，创造美好未来；但当员工真正把自己当成主人，想要做出一些突破和改变时，管理者却会说"你以为公司是你的吗"。这样徒有其表的文化，并不具备真正的价值。

想要真正激活员工的"主人翁"意识，就要认可员工做出一些超预期的事情，甚至鼓励员工做出一些超预期的事情，不要让规章制度限制员工的主动性。

小诺（化名）是我们公司的一名遗传咨询师，主要工作是基于基因测序数据，为临床送检的疑似遗传病患者提供遗传数据解读服务，识别出与临床症状相关的变异，为临床医生提供更准确的病因诊断支持。不同于日常医院的普通检查，解锁遗传信息不仅依赖于高精度、高完整性的测序数据，还极度依赖解读人员深厚的专业知识和丰富的实战经验。每一份遗传病的检测报告背后，可能都有一个不同寻常的故事。

一天，小诺收到了一封邮件，主题是"送检样本数据量不足，建议补测"。按照当时的工作标准，这种处于合格线的样本，是满足测序要求的，检测结果基本不会有问题。如果加测，重新分析，会增加工作量。

但小诺考虑到，要对患者负责，要对公司的口碑负责，于是她决定确认申请补测,重新分析。

这个检测主要针对的是 DMD 基因致病性变异。DMD,是一种假性肥大型肌营养不良疾病,绝大多数患者为男性,女性发病者非常罕见。送检者的弟弟患有这类疾病,同时送检者妹妹的女儿也携带一个相同的基因致病性变异,送检者认为自己可能具有遗传家族史,想要获得生育指导,因此选择进行基因检测。

原本小诺可以按部就班地出具检测报告,说明该样本携带一个 DMD 基因致病性变异就可以交差了。但一想到此名送检者将来如果怀孕,胎儿可能面临家族遗传的风险,小诺的心就悬了起来。这类疾病会给患者家属带来巨大的负担,一定要尽可能地预知风险并告知送检者,才能避免不幸再次发生。于是小诺决定多做一些工作。

她不眠不休地查阅了大量文献资料,并与临床医生充分沟通,试图找出可以提供给送检者的怀孕指导意见。经过多轮研讨,最终,小诺对报告内容进行了进一步解读:送检者怀孕后建议对胎儿进行基因检测,以明确是否遗传到先证者的致病性变异;考虑到大约 1%~2% 的女性携带者可以表现出相关症状,建议女性携带者家属一并接受检测。

至此,小诺高悬的心才缓缓放下。事后,该送检者给公司送来了锦旗，临床医生也对小诺赞不绝口。得知这件事情后，公司也特意为小诺准备了一份奖励，并在大会上对小诺提出了表扬，鼓励其他员工也能像小诺一样，主动多做一些工作，运用自己的专业知识，将每一份报告及时地交付到患者手中。

正是因为有很多以"主人翁"的态度去开展工作的员工，企业才能在市场竞争中，与客户紧密相连，立于不败之地。所以，当发现这样的员工时，不要吝啬奖励和表扬，树立起标杆，才能有更多的员工学习和模仿。

管理点评

美国管理学家、人际关系学说创始人埃尔顿·梅奥（Elton Mayo）说过，员工、组织之间发生冲突，将逐渐削弱生产活动的力量。

公司决策层认为，重塑价值观问题是解决冲突问题以及实现可持续发展的关键，由此提出"主人翁"精神的理念和行为主张。

对于"主人翁"精神的打造，公司出台了相关行为规章，但更重要的是对于"意识"的锻造：一方面，要求管理人员由上而下的意识和行为转变；另一方面，营造"主人翁"精神氛围以影响员工。

　　培养员工"主人翁"精神是一项既属管理又非管理能解决的文化建设，对于其效能的衡量标准在于：公司上下是否贯彻"主人翁"精神，以及是否形成环境氛围和进入员工的内心。

重诺守信，一个真实的"共享假设"

　　"诚信者，天下之结也"。守信是每一个人的立身之本，也是员工与企业建立合作的基本条件，更是提高员工对企业忠诚度的基础。

　　重诺守信的员工会在工作中表现出极强的责任心和勇于担当的精神，用实际行动赢得同事的敬重、主管的信任，以及更多的职业发展机会。反之，人若太过看重利益，抛弃了忠诚的德行，他所失去的不仅是机会，更有可能是正确的人生方向。

故事一：新人老人

　　在企业中，有言而无信的人，自然也有重诺守信的人。重诺守信的员工，对于企业来说是重要的财富，是需要重点关注的对象。

　　在公司组织架构调整期间，资深销售员老史（化名）申请调岗到其他业务部门。部门负责人尊重员工的个人职业发展意愿，批准调岗，并请他一定要做好交接，帮忙带好新人，维护好老客户。老史痛快地答应了。

调岗后的老史在新部门里算是"新人"，很多从未接触过的新工作让他非常忙碌。即便如此，他还是坚持按照之前的承诺，继续维护着老客户，一人兼任两个岗位的工作。

后来，销售部的新人到岗了，老史原本想着总算可以缓口气了。但新人对业务还不熟悉，每当有客户咨询业务，新人总是需要向老史请教，老史也总是耐心地讲解。为了让新人更快地进入角色，老史还主动带着他一起回答客户的问题。

相熟的同事私下对他说："你都调岗了，也交接完了，就不用打两份工了。把自己弄得那么累，何必呢？"

"我答应了原部门带好新人。那些客户是我曾经的客户，我也答应过他们会做好后续服务。所以不管多难多累，我也要努力做到这些事，要兑现诺言啊。"在老史的心中，无论是与客户合作，还是与同事合作，最重要的是重诺守信，一旦承诺了，就要实现诺言。他是这么说的，也是这么做的。

"人无信不立"。在企业当中，重诺守信的人更容易得到公司的信任和重用。毕竟，一个说话不算话的人，企业怎么放心把重要的岗位和工作托付给他？

重诺守信不是口头说说就行，而是要体现在自己的实践中。践行诺言的过程，其实也是员工积累个人信用的过程。信用财富的积累，最终会为员工赢得同事、合作伙伴的口碑，更高的职位，以及更加光明的职业前景。

故事二：拒绝橄榄枝

多年前，小姜（化名）刚入职我们公司的时候，还只是一个普通的应用工程师，当时她定居在浙江省杭州市。在公司进行重大业务调整期间，小姜坚守岗位，积极配合团队，仅用半年就完成了全省客户的拜访和梳理，对调整后的平稳过渡起到了很大作用。

两年后，为满足战略需求，公司增设临床应用工程师岗位，小姜没有任何犹豫就接受了这个新的挑战，在省团队的临床专家资源和体系搭建中做出了突出贡献。这次换岗，也让小姜完成了由技术应用到临床推广的成功转型。

后来，公司组建区域市场团队，另一个省的市场部门急需技术过硬的攻坚型人才，小姜再次迎难而上，将自己的成功经验复制到了该省。仅用了一年时间，小姜就完成了该省临床专家团队的组建，同时还完成了公司的几个重点项目。

几年后，在某省的技术团队需要管理人才的时候，小姜又一次挺身而出，主动承担起重建技术团队的重任。然而，这次和过去不同，不仅仅是岗位变动，还需要小姜举家搬迁。她不仅要面对工作上的挑战和压力，还要说服家人。

"公司培养我那么多年，也给了我很多机会，现在公司需要我，我不能向后退。"家人理解小姜，并全力支持她的决定。

技术团队的成员们知道是她要来带团队，都有了更多的信心。多年过去，小姜已成为公司的中坚力量，是公司区域技术应用部门的管理者。

外部公司也向她抛出橄榄枝并许以高薪，然而小姜不为所动。她说："我不会忘记，是谁让我成了现在更好的自己。"她没有忘记，自己答应公司要将团队整体水平带上一个新台阶，要对自己的承诺负责。

小姜拒绝了新机会，会让人觉得她有所损失。然而，从长远看，小姜信守诺言，兢兢业业，勇于承担更多责任，必然在公司有更好的发展机会。

企业尊重员工，时刻把员工视为企业最宝贵的财富，从工作上的支持、生活上的关心到对家庭的帮助，这些点滴的、细微的关怀与支持，更能赢得员工的"忠诚"，也能使员工更心无旁骛地履行对企业的诺言，从而实现企业与个人的双赢。

管理点评

在组织文化中，存在一种特殊的"共享假设"，它呈现为一种理所当然的、以无意识状态存在的信念、价值观和行为规范，对于组织成员来说，这种假设模式是一种正确的感知、思考和感受的方式。

"重诺守信"就是一种"共享假设"。每个企业都希望自己的员工能一诺千金，言出必行。那怎么判断员工是否具备这种"共享假设"呢？只有通过观察员工、分析他们的行为、听取他们的言论，才能判断。

"重诺守信"有时候可以表现得很明确，比如转岗员工在推动新工作时，也不忘自己的诺言，努力兼顾原部门的衔接工作；有时候会表现得润物无声，比如一名普通技术员通过个人努力，借助公司给予的机会，成长为核心管理者后，对公司抱有感恩之心，在外部诱惑面前不为所动，这种忠诚也是信守承诺的表现。

要让"重诺守信"成为整个组织的"共享假设"，不可能采用所谓的分值考评，也很难对员工的守信度进行梯度划分，因为很难制定出一个清晰的量化标准。更合理的做法是通过企业文化来形成守信的风气。

员工的心态和行为，来自隐秘的用"心"

每天的工作周而复始，看起来非常平常，但是对待每项工作，如果没有务实的态度、敬业的精神，往往会出现远低于预期的结果。

企业的可持续发展必须依靠所有员工的团结奋斗，员工是企业最宝贵的财富，只有调动员工的积极性、创造性，才能推动企业的不断发展。同时，企业也是员工施展才华、实现自我价值的平台，企业的发展也可以为员工创造更多的机会、提供更多的空间。所以，企业的发展必须与员工的成长统一起来，努力实现双赢。

企业是一个由人与人的关系所形成的组织形态。如何让组织形态更有活力，成为每个人成长的驱动之源？关键在于引导员工的心态和行为。"仰之弥高，钻之弥坚"。是否用"心"，应该成为每个人衡量自身工作态度的一个标尺。

故事一：节日大礼包

法国昆虫学家、文学家法布尔说过："把你的精力集中到一个焦点上试试，就像透镜一样。"当你愿意用心去做某些事情的时候，哪怕只是一些小事，也能创造巨大的惊喜。

时值中秋、国庆双节，小郭（化名）作为双节礼品的筹备小组成员，这几天一直为节日大礼包犯愁。他的脑海里回响着领导的叮嘱："小郭啊，公司各地的同事克服重重困难，奋战了很久，马上双节就要到了，一定要给大家一份暖心的礼物，让大家感受到公司的温暖。我知道这不容易，还得你多思考，多费心！"

怎样才能与往年不同，别有新意呢？什么样的礼物才是暖心的礼物呢？小郭组织大家一起讨论。

"今年虽有很多困难，但我们一定要给大家奉上一个不同凡响的大礼包。"小郭率先表态，大家纷纷点头。"今年的大礼包，不仅要考虑南北地域差异，还要考虑到新老员工、'90 后'和'00 后'、已婚的和未婚的、家里有孩子的和有老人的，大家最需要的是什么。我们思考下，都有什么提议？"

"我们可以到附近的一个大型批发市场去看一下。"

"我有一个性价比高的纸箱采购渠道。"

"我可以整合一下各地的物流供应商做一下联动支持。"大家纷纷献计献策。

周末，小郭和部门几位同事展开了采购挑选。和以往只在电商平台上挑选不同，这次，他们亲自跑到各个超市、卖场，看实物并反复比价。最终，他们敲定了十几种商品，包括日常用品、食品等，都是南北通用、贴心实惠、老少皆宜的物品。顺利完成了采购，小郭和同事们都开心地笑了。

随着节日的到来，一份份"同路人专享节日大礼包"，承载着来自公司的温暖关怀，送到了大家的手里。同事们都说，今年的大礼包与众不同，别有"心"意。有的说，打开这个大礼包，就像开了一个百宝箱。有的打趣说，这简直就是个潘多拉的盒子。还有的同事一直珍藏别具特色的礼包外包装盒，说这个红色盒子能暖"心"……

工作中唯有用"心"才是根本。只有用"心"经营，才能把常规工作做出不同凡响的效果。

故事二："刨根问底"

"世上无难事，只怕有心人。"很多看起来没办法解决的难题，其实是因为没有用心钻研。

小王(化名)在集团总部任职一年多,对公司架构和各部门职责已经基本熟悉了,她性格开朗,喜欢观察和钻研,总有许多新奇的想法,身边的同事们都愿意听取她的意见和看法。

一次午休,小王在和同事闲聊时得知,公司一直想要申报一项市级重要资质(以下称 H 资质),但不知道是什么原因没有推进下去。说者无心,听者有意。小王想起,在自己之前工作的公司曾经听说过 H 资质,想要取得很有难度。现在,得知公司也想申报,小王顿时来了兴趣。

"先搞清楚获得这个资质对公司的益处是什么。"小王心里开始琢磨。

利用闲暇时间查阅了很多资料后,小王发现国家和地方对于拥有该资质的企业有不同程度的优惠政策,尤其是公司所在城市的优惠政策力度很大。她想,如果公司申报成功了,不但每年可以节省很多费用,还能获得政策支持,这对公司是一件非常有意义的事情。

通过更深入的调研,小王得知公司所处的行业中,已经有多家公司获得了该资质,根据她的经验,公司大概率也可以申报成功。但由于职能权限问题,有些申请材料是小王无法接触的。到底是否应该插手这项工作?小王想:"凡事都有困难,不用心探

索、不想办法解决，什么也干不成。"最终小王鼓足勇气主动找
到相关部门的负责人，说出了自己对于这件事的想法。

小王条理清晰地列出了申报条件及流程，主管当即决定委任
小王全权推进此事。三个月后，公司顺利拿到了市级 H 资质证
书。小王也因此获得了管理层的认可和表彰，并被委以重任。

做个有"心"人，凡是对企业有益的事，就要不遗余力地去
思考，去尝试，终将有所收获。哪怕没有取得预期的结果，企业
也应该对这种态度给予赞许。

管理点评

抛开那些极其自律的少数派，大多数人的天性中，都有懒惰
的因子存在。在工作中，一旦养成了习惯就容易陷入思维定式，
做事情一成不变，缺乏新意。相应的，企业也就失去了很多自我
改善的机会，难以突破当前所属的发展阶段。

这种人性当中的弱点，靠员工自己很难解决。这时候，企业
应该承担更多的平台责任，通过建立管理制度，激发员工的主观
能动性，鼓励员工用"心"做事，发动一切可能去探索、突破当
前的困境，使平淡的工作再上一个台阶。

更重要的是，我们要让员工把用"心"变成一种新的习惯。
不管遇到什么问题，第一时间要做的都是思考，而不是去找之前

有没有既定的解决方案。这一点靠制度是不够的，更多的要依赖企业文化的熏陶与塑造。

企业文化中的 "共享机制"

《淮南子·主术训》中有云："乘众人之智，则无不任也；用众人之力，则无不胜也。"

每个人都有自己独特的天赋，都有自己独特的价值。但是，个人的力量是有限的，想要走得更远，没有组织的支持、团队的配合，恐怕难以达到目标。

故事一：同心协力　以策万全

在实际工作中，从来都不存在完美的 "超人"。团队的意义是在任务中可以相互 "补位"，结合众人之力，同心协力，实现更长远的目标。

之前，我们公司驻地办乔迁新址。为此，公司特别筹备了一场大型活动，邀请重要客户出席。小郭（化名）负责此次活动的前期策划与现场组织协调工作。

会前，小郭做好了精密的策划与工作部署，以确保活动现场每个环节都能顺利进行，让客户获得完美的体验。

这次活动包括剪彩仪式和高峰论坛两大日程，分别在两个场地进行。剪彩仪式结束后，数十位客户需要在二十分钟内转移到高峰论坛会场。为此，小郭提前筹划好了转场的各种细节。考虑到活动当天可能会下雨，小郭提前准备了雨伞、雨衣等，以备不时之需。在小郭的精心安排下，一切似乎万无一失。

但是到了会议当天，倾盆大雨真的下起来以后，还是出现了混乱。许多车辆堵在会场门口，外面的车辆进不来，里面的车辆出不去，很多客户不知道该上哪辆车，只能在大厅里徘徊、询问……看着眼前杂乱的现场，小郭一时间有些不知所措。

见此情形，小周（化名）和几位销售同事主动找到小郭，表示他们可以先带几位客户去坐最外面的车，外面的车开走，里面的车就容易出去了。当时雨势很大，小周不顾自己淋雨，一路撑着雨伞将客户护送上车。看到小周的举动，前厅的工作人员都开始撑起伞护送客户往外走……就这样，随着外面的车辆逐渐驶离，里面的车辆也恢复了秩序，客户们也准时抵达了论坛会场。

随着高峰论坛的顺利举行，整个活动接近尾声，瓢泼大雨也逐渐停歇。受到暴雨的影响，市内交通受阻，部分航班、高铁也临时停运，很多参会客户的后续行程也受到影响。小郭紧急与团队商议,加派了开往机场、高铁站的车辆以保障客户准时到达。同时,两位同事主动请缨先行前往机场和高铁站探路,查看沿路交通恢复情况,实时播报航班、高铁信息,帮助客户及时调整返程交通,保障后续行程安排。

最终,小郭和团队共同努力,克服了突发情况与极端恶劣天气的影响,确保了活动的圆满举办。他们耐心和周到的服务,也让参会客户获得了优质的体验,并对企业的品牌形成了良好印象。

小郭作为活动的策划与组织者,具备丰富的业务经验及专业能力,他不仅在活动前做出了尽可能周全的规划与部署,也预估了天气变化的风险,未雨绸缪地制定了相关预案。尽管如此,极端天气等小概率事件还是有可能成为缜密计划中的变数。没有一个人可以做到真正的完美与全面,也没有一个计划可以做到天衣无缝,只有充分展开团队合作,相互"补位"应对万变的局面,才是不变的制胜之策。

故事二:绝境突围

在企业经营的过程中,难免遇到困难,这时候就要打一些硬仗,需要企业内部各个部门、各个员工能够同心协力,力出一孔，一起攻克难关。

有一次，公司生产的仪器的主处理芯片遭遇断供，交货期指向 96 周以后。市场上现有的存货出厂日期大都比较久远，风险较高。与此同时，供应商囤积居奇，厂家也疯狂囤积库存，公司可谓陷入"绝境"。

采购部门多方寻源无果，公司即将面临仪器生产后继乏力的困境。这时候，采购员小蒋（化名）临危受命。面对这些困境，他冷静分析了情况，计划分当前、中期和远期三套策略应对。

为了解决迫在眉睫的芯片采购难的问题，小蒋发动了整个采购部门努力拓展芯片渠道，拼尽全力去寻找国内外供应商和囤货商，一有现货，马上交给测试团队启动测评。

同时，小蒋也在寻找可替代的、有货源的芯片。考虑到新的芯片是否合用需要经过测试、验证、评估，研发团队也立即投入人力，开展相关工作，并与小蒋积极沟通和密切联系。

对于采购的远期计划，小蒋主动出击，由原来的厂家采购改为直采，密切关注远期订单的预测与交付情况，实时跟进状态。订单组的同事不遗余力，通力配合，销售部也给予大力支持，每月定期组织销量预测。

当前、中期、远期采购计划同时推进，完美地解决了主芯片的缺货问题。主处理芯片缺货问题解决后，我们也陆续遇到其他芯片的缺货问题。有了之前的经验，每当出现问题时，研发、采购、订单等团队同事都第一时间分析问题和解决问题。

"缺芯"是近年来很多企业都面临的问题。但我们公司的自动化仪器始终保证了整个市场的供应。这是团队间高效合作的成果，源于大家积极面对困难、逢山开路、遇水搭桥、不屈不挠的精神，最终支持了公司总体战略的实现。

一个团队能够有多大的力量，关键不在规模，而在协同的水平。当整个企业都能够心往一处想、劲往一处使，那再大的难关，也能顺利渡过。

管理点评

角色（role）和群体（group）的概念在企业组织关系中，至关重要。所谓角色，就是组织中个体的行为模式；而群体，是由组织结构设计形成的 2 个或 2 个以上成员形成的团队。

角色存在于团队中，并影响团队的生存和发展。当遇到挑战时，团队中的每个人都能扮演好各自的角色，一方出现困难，另一方马上提供有效帮助，团结协作、勇于担当，企业自然能够从容地面对危机和挑战。

在今天这个时代，企业希望看到很多个人英雄，因为标杆的作用是巨大的，能够引领更多优秀的人才。但企业更希望看到英雄的团队，因为团队越强，企业发展的天花板也会越高。

"VRIO" 体系下的人力价值

企业在发展过程中，必然要面对外部市场带来的机会和威胁，而为了实现进一步的发展，企业不得不去面对威胁，把握机会。

如何把握机遇？如何让挑战变成机会？有时候并不是外部环境决定的，而取决于内部要素——资源和能力。

在企业内部环境分析中，有一个叫作"VRIO"的资源和能力分析模型，其包括价值问题（value）、稀缺性问题（rarity）、难以模仿性问题（inimitability）和组织问题（organization）。

"VRIO"把企业的内部要素划分为财务资源、物质资源、人力资源和组织资源。前两种资源和能力是企业的硬实力，而后两种资源和能力是"开发外部环境中蕴含的机会或化解存在的威胁"的关键因素。

故事一：小张的"纠结"

员工是企业重要的组织资源，是维护企业声誉、保护企业利益的第一责任人。

小张（化名）是公司的一位资深业务员。前段时间，他负责一个研究项目，当他看到客户提出的方案时，发现有很多明显的漏洞，如果按照这个方案执行下去很难达到预期的目标。于是，他积极与客户沟通，希望对方修改方案。可是，这个客户很保守，不愿意尝试新产品，对于方案的修改态度也比较强硬。几轮沟通未果后，筋疲力尽的小张开始动摇。

"要不算了吧，再坚持自己的意见，把客户惹生气了，投诉我怎么办？"

"就这样吧，项目如果真做砸了，也是客户的责任，不是我的责任。"

"可是这样下去真的会搞砸呀！这关乎公司的产品质量与声誉，明知道有问题却不干预，也太没有职业操守了"。

纠结了很久，小张决定向上级如实汇报。听完小张的汇报，主管说："小张，在'面对困难'和'逃避困难'之间，你选择了前者，值得点赞！"

之后，为了争取合作共赢，项目主管专门成立了专业技术小组，用更翔实的数据和大量的分析论证，和客户进行了一次诚意沟通，最终说服客户同意了小张的项目计划。

事后，小张也进行了反思，幸好自己做出了正确的选择，如果自己当初只想着多一事不如少一事，对发现的问题置之不理，那么一旦事后发生问题，不仅仅是客户利益受损，还会给公司的声誉带来负面的影响。

面对问题，员工能不逃避，勇于应对，积极解决，才能不断提高产品和服务质量，进而提高企业核心竞争力。

故事二：迎难而上的"机会"

之前，一家大型医院计划引进一台半自动检测设备并进行了公开招标。面对这样的机会，公司有很多销售员都进行了尝试，但都没有成功。

销售员阿伟（化名）想："如果将检测设备和新研发的检测试剂联合起来，形成一个一体化项目，是不是更能打动客户呢？"

有了这个想法，阿伟马上行动起来。他先和医院的采购人员联系，说明了检测设备和试剂联合而成的这一套全自动整体解决方案的思路和优势，但被对方拒绝了。他又打电话给其他销售员、经销商，想让他们帮忙分析，得到的回复也都是"别抱啥希望"。

阿伟总结出被拒绝的原因大致有两个：第一，这家医院的招标预算远低于我们公司仪器的价格；第二，客户有合作稳定的供货厂商。

虽然希望渺茫，但阿伟还是决定尽全力一试。他根据客户的需求和预算，制定了包含配套试剂、学术培训、科研合作等产品和服务的一套完整的解决方案。当医院实验室主任看到这套全自动整体解决方案时，非常意外。

阿伟解释说："单从一台仪器、一盒试剂的价格来看，我们没啥优势。但是这套全自动整体解决方案不但可以提高检测效率和检测质量，还能推动实验室未来的发展。咱们医院的医疗水平在全省遥遥领先，今后的检测工作也会越来越多，综合比对，反而是这套整体解决方案性价比更高，更有利于长远发展。"

在重重阻碍面前，阿伟没有放弃，而是另辟蹊径，最终成功攻克了难啃的"硬骨头"。

管理点评

　　"千淘万漉虽辛苦,吹尽狂沙始到金。"如何让员工充分利用自身的经验、知识,识别问题和机会,面对问题时解决问题,当机会来临时牢牢把握住,进而为企业创造更大的效益,这是"VRIO"体系下人力资源的价值所在。

　　而员工要想发挥更大的价值,需要不断提升自己的能力和效率,积极融入团队建设和企业文化,勇于承担责任,并保持积极心态与职业追求。只有这样,才能在工作中不断创造价值,为企业的发展贡献自己的力量。

爱岗敬业背后的多维原动力

　　爱岗敬业就是要做好本职工作,把一点一滴的小事做好,把一分一秒的时间抓牢。处理好每一项预算,做好每一次实验,算准每一个数据,写好每一篇总结。"不积跬步,无以至千里",不善小事,何以成大器。每个人在工作中都把平凡的小事做精做细,从小事做起,从现在做起,这就是爱岗,这就是敬业。

故事一:做仓库的"枢纽"

　　如果企业是一台机器,那员工就是组成这台机器的零部件。

要想让企业这台机器有条不紊地运作，就需要每个员工坚守岗位，认真履职，无论在何时何地，都要做好自己的本职工作，充分发挥自身职能，让小螺丝迸发出大能量。

小陈（化名）是公司天津仓库的一名普通员工。有一次，试剂盒需求量激增。天津仓库作为公司的总仓，肩负着每天数十万份试剂盒的收发货任务。

小陈和同事们面临发货量骤增和人手严重紧缺的双重压力。

"现在一天的发货量，都赶上以前咱们一周的了！"

"是啊，还有几个同事无法到岗，咱们任务艰巨啊。"

压力面前，团队负责人紧急召集在司人员："虽然岗位不同，可是身上肩负的责任是一样的。现在我们最重要的事，就是尽最大努力完成备货，及时将试剂盒发到一线医院。"

小陈的家中只有年幼的孩子和年迈的父母。虽然心里万分惦记家人，但想到公司面临的严峻考验，他来不及思考，径直走进仓库，开始清点、搬运货品。看到小陈的行动，同事们不再犹豫，纷纷走出办公室、走进仓库，和小陈肩并肩战斗。

经过全体员工连续十几个小时的共同奋战，凌晨一点，天津仓库终于完成了全部备货任务。由于高强度连续工作，小陈腰病复发。但他没有和任何人提起，也没有请假，还忍着腰痛，主动请缨去一线现场支援工作。

春节期间，小陈没能和家人团聚，一直奋战在工作岗位上。在年终工作总结报告中，小陈写下了这样一段话：

"作为一名仓库工作者，我能做的就是在后方，为前方的医务人员及时提供好的产品和服务，守好岗，尽好责，为医药健康事业贡献自己的微薄之力。"

爱岗敬业不一定要做出轰轰烈烈的大事，坚守岗位，尽职尽责，甘于奉献，每个员工都能在平凡的岗位上创造出不平凡的价值。

故事二：重复≠枯燥

每天重复做同样的工作，可能会让人感到枯燥和疲惫。有的人被日复一日的工作磨灭了激情，有的人却能在重复的工作中，挖掘新的亮点和问题，并把新的亮点和问题进一步拓展和延伸，推动自身业务水平的不断提升。

用热情而非激情的态度对待工作，也是一种敬业。

小张（化名）主要负责公司的付款业务。处理十几至几十单的付款申请，便是她每日的工作。之前，公司拓展了新业务，考虑到工作量的增加，领导安排了新人小丹（化名）与小张一起处理付款业务。

在小张手把手地耐心指导下，小丹也很快进入了角色。但是日复一日的重复工作，还是让小丹心生抱怨。

"张姐，每天重复处理这么多申请，你会不会觉得烦啊？上个月一张申请单就附带了上百张的发票，还好是你处理了，不然我头都大了，但是看你还一副乐在其中的样子。"

"不会呀，一次次地核对发票金额、收款账号信息，看似是在重复工作，但每一单申请的背后都有对应的业务，只有了解了这些业务，我们才能更好地把控付款申请的合理性。所以，每次审核，我们都在接触不同的东西。"小张微笑着说。

是啊，重复并不等同于枯燥，在重复的工作中，不断完善自己，做好工作，这才是真正的敬业。

管理点评

工作中，有很多爱岗敬业的员工。他们对工作充满热情，在面对挑战时，不是逃避、不是抱怨，而是选择通过不断学习，提升自身技能，应对挑战。

如何激发员工的爱岗敬业精神？爱岗敬业背后的原生动力又是什么呢？

社会普遍倡导的职业道德观念会对员工的爱岗敬业行为产生积极影响。员工在职业道德的熏陶下，会自觉遵守职业规范，以高度的责任感和敬业精神投入工作中。当员工在工作中实现自我价值、得到他人的认可和尊重时，这种成就感和满足感会促使员工更加爱岗敬业。

当企业的价值观强调爱岗敬业、追求卓越时，员工会受到这种文化的熏陶，也会自觉地将爱岗敬业作为自己的行为准则。

爱岗敬业背后的原动力是多维的。除了上面所说的社会环境、企业文化等影响因素外，还包括个人内在需求、工作氛围等多个方面。这些原动力相互作用、共同推动员工形成爱岗敬业的精神风貌。

企业通过建立晋升、奖励等激励机制，营造良好的工作环境和氛围等方式激发员工的爱岗敬业精神，实现企业与员工的共同发展。

从"坚持主义"到"授权"管理哲学

企业在经营过程中，会面临各种困难和挑战，如市场波动、竞争加剧、技术变革等，如果没有强大的意志定力，企业将很难克服困难，实现持续发展。

公司所推行的企业文化中，有一点叫"坚持主义"。它讲的
是当公司面临困难和挑战时，员工要以坚持不懈的战斗意志，携
手战胜困难，不轻易放弃，推动公司发展迈向新台阶。

故事一：知难而进

放弃很容易，难的是坚持。在困难和挑战面前，员工应具
备勇往直前、积极应对的勇气和决心，不逃避、不退缩，通过不
断挑战自己、超越自己，在战胜困难的同时，不断提升自身的意
志力。

之前，一家和我们公司长期合作的医院计划采购一台设备。
虽然公司多年的精诚服务赢得了医院检验科的充分信任，但价格
也是院方重要的考量因素。在项目招标过程中，竞品代理商捷足
先登，通过多次调整价格，影响了我们的正常销售工作，导致项
目被迫搁置。

眼看着要错失项目，负责该项目的销售员小辉（化名）了解
到，医院之所以和友商达成合作意向，并不是因为对方的产品，
而是代理商负责人本人的能力。他想："如果可以和这个代理商
达成合作，是不是也能拿下这个项目？"

这个代理商的负责人小辉之前也有所耳闻，此人做事果断，非常不容易打交道。但小辉还是决定主动去找这个代理商沟通，希望能和他们建立合作关系。

第一次拜访，小辉吃了闭门羹。

第二次拜访，代理商负责人以自己马上要开会为由，委婉地拒绝与小辉面谈。

第三次拜访，代理商负责人直接派出一名手下出面应付。

"再试试吧，也许下一次就有机会了呢！"同事们鼓励着小辉。

直到第六次拜访时，小辉在代理商公司门口"堵"了整整三个小时，终于见到了代理商负责人。此时，距离他第一次的拜访已经过去了两个月的时间，代理商负责人被小辉的执着打动了，给了小辉沟通交流的机会。小辉将公司的产品优势及后续的服务标准和友商做了详细的比对，最终说服了代理商负责人，达成了与该代理商的合作。这个长达两年的竞标终于取得了圆满的成功。

知难而进、坚定不移、勇往直前的人，终会获得成功；在困难面前，坚定信念、不断调整、勇于坚持的人，往往能取得最后的胜利。

故事二：执着追账

在困难面前，是轻易放弃，还是坚定执着，收获的结果往往是不同的。轻易放弃的人，会在抱怨和推诿中，将失败"甩锅"给困难本身；而坚定执着的人，会先分解目标，用自己的热情和毅力，一步一步地战胜困难，脚踏实地地走向成功。

应收账款的回收是一项非常具有挑战性的工作，需要反复跟踪核实账目。客户愿意配合还好，如果遇到不配合的客户，工作开展起来就会困难重重。

方姐（化名）做了多年的区域销售主管，业绩总是遥遥领先。多年的销售经验让她深知一个道理，只有把钱收回来，才算真正地把产品销售出去。所以，在催收应收账款方面，她总是主动索要发票清单，不厌其烦地一笔一笔核对和催款，积极配合完成每一笔款项的回收工作。

前段时间，财务部有几笔历史账款一直未收回，业务员多次与客户沟通，对方都以找不到记录为由，对催收通知视而不见。财务人员找到方姐："如果客户就是不承认，这几笔账款就只能记坏账了。"

"不行，无论如何也要把钱收回来。"方姐一脸坚定："我明天就坐飞机去客户那里，亲自找他们财务对账。"

因为方姐不是这几笔问题应收账款的当事人，财务部同事并没有对此抱太大的希望。

第二天，方姐就赶到客户那里，对方财务人员虽然很客气，但始终不愿配合核对历史账务。方姐并没有放弃，而是连续一周登门拜访。也许是被她这种认真执着的精神打动了，对方财务人员终于说了实话："你说的那几笔账款发生的时候，我们还没安装财务系统软件，要想对账，只能去仓库翻找历史单据，那些都是陈年旧账，要翻找非常麻烦。"

"那我自己去查找行吗？"方姐看到了希望。

对方财务人员点了点头："你要自己去查，我们倒是可以配合。"

于是，方姐走进客户的仓库，蹬着梯子，从满是积灰的货架上取下一本本账簿翻查，终于找到了当时的单据。欠款证据充分且清晰，客户很快支付了账款。

在企业的经营中，有些难题的解决可能需要很长的时间。解决困难的过程中，最重要的是坚持。在到达终点前一步倒下，之前的工作也就失去了意义。

员工具备"坚持主义"的精神，除了受自身性格的影响之外，企业的充分授权也是非常必要的条件。企业要更多地承担平台的角色，在树立目标的同时，要为员工授权、赋能，激活他们的"主人翁"意识。

只要确定他们做的是正确的事情，就放手让他们自己选择工作的方式方法，过多的干预和限制，反而会影响员工的创造力。

管理点评

"锲而舍之，朽木不折；锲而不舍，金石可镂。"

员工在面对困难和挑战时，选择放弃，是顺应人性；而要想积极应对，迎难而上，甚至要"不达目的，决不罢休"，则需要"违反一点人性"。

从管理效用的角度看，驱动员工"坚持"，最简单有效的方法就是高分值绩效和极具诱惑的奖励。但相较于简单的物质奖励，通过精神激励去满足人的精神需求——自我价值的实现，能让"坚持"的动力更持久。

精神激励其实也很简单，关键在于员工在使命、愿景、价值观上，与企业保持一致。让企业的成功，成为员工的成就；让企业的收获，成为员工的奖牌。做到这一点，哪怕只是一次岗位的晋升，甚至一次公开的表扬，都会让员工感受到人生体验的升级。

除此之外，驱动员工"坚持"的动力，还与工作环境、同事关系、敬业精神和内部规范等因素有着密切的联系。需要强调的是，所谓"内部规范"，一半来自相关制度，另一半来自无形的企业文化。

突破来自不断思考

人类文明，日新月异。通过不断进化，人类在认知、社会组织和科技等方面的能力越来越强。也正是通过不断进化，人类能够在不断变化的环境中生存、发展，创造出更加美好的未来。

这是宇宙自然演化的规律，我们无法后退，不能选择。若不进步，哪怕稍慢一点，都会被历史的车轮无情碾压。故步自封，止步不前，必然被淘汰。因此，不断突破是天"道"所趋，因为突破的本身即是生存。

为适应瞬息万变的市场环境，企业需要通过变革来推动发展。但是，很多重大变革并不是一步到位的，而是不断在细微之处思考、改变、升级、迭代，渐进式实现从量变到质变的飞跃的。

故事一：一盏 LED 小灯

发现问题、寻找问题根本、探索怎么做更佳，企业正是在这个过程中，通过不断的思考、求变，以及切实可行的改进行动，驱动自身不断前进和高效发展。

技术工程师小艾（化名）在一次客户拜访时，看见客户正在进行手动加样。只见客户用力地弯着腰，使劲把脑袋伸进仪器设备的大槽子里，好像在仪器设备的温育盘附近寻找什么。一问才知道，原来，由于仪器内部光线太暗，操作人员看不清实验样本的位置以及各种缓冲液组分的条码标签，只能这样费力地钻进设备里面来分辨。

客户费力加样的场景，经常萦绕在小艾的脑海里。"如何做好仪器内部照明，让客户操作更方便呢？"接下来的一段时间，小艾始终在思考这个问题。

通过反复思考，认真观摩，查阅大量资料，小艾有了初步的解决方案：在仪器内部顶端加装一个 LED 光源和自动人体感应装置，一旦需要手动加样或对仪器内部进行操作，LED 灯就会自动亮起，这样客户操作起来会更方便。

有了这个思路，小艾和技术部的同事经过反复评估与验证，最后成功在设备上加装了光源和感应器。小艾因为用心发现了客户在产品使用方面的需求，为产品迭代升级提供了重要的方向。

对于今天的企业来说，在竞争越来越激烈的市场上，提升用户体验、提高客户满意度从来都没有小事。我们不能放过任何一个提升用户体验的机会，哪怕是一些小小的细节。所以，企业需要鼓励员工用心观察，不断思考，在为客户服务的过程中，找到产品或服务改善的契机。

同时，当员工有了一些想法需要付诸实践时，企业也要及时参与其中，一方面是站在企业的角度，评估员工的想法是否合理；另一方面，如果采纳了员工的想法，那就要快速进行配合，调配相应的资源和人手，帮助员工把想法变成现实。

此外，高效的参与和支持，以及成功后的各种激励，也是对员工思考的赞赏与回报，是鼓励他们继续思考，并将思考文化融入组织的重要助力。

故事二：小程序的诞生

提高工作效率的方法有很多，不同的工作场景，有不同的方法。

在数字化时代，通过小程序来提高售后服务质量是一个智慧的选择。

小张（化名）是一名售后技术服务人员，平时的主要工作是给客户提供现场技术服务咨询和指导。居家办公期间，小张通过电话、邮件、视频等在线方式帮助客户解决问题。但是由于不能现场沟通指导，很多复杂的技术问题客户难以理解，抱怨越来越多。

怎样解决远程沟通障碍问题呢？小张陷入沉思。

有一次，在用小程序叫外卖时，他突然想到："现在是数字化时代了，一个小程序可以解决人们不想做饭的问题，我们是不是也可以推出一个'售后小程序'，来解决客户使用过程中的技术难题呢？"

小张立刻将自己的想法汇报给部门负责人，希望设计一款"售后小程序"，通过视频讲解的方式，为客户和新员工打造产品应用和操作的学习平台，进而帮助客户快速解决使用过程中遇到的常见问题。

部门负责人经过反复研讨，同意了小张的这个思路，并组织人员编写专业的仪器产品文案、录制仪器操作使用视频。项目组在有条不紊地推进一项一项工作时，却遇到一个前所未有的难题：技术视频录制完成后，公司内部没有专业的后期剪辑人员，音视频效果也非常不理想。

项目组成员们通过自主学习，顺利完成了剪辑工作，但配音还是达不到理想的效果。经过项目组集体讨论，决定放弃自己配音，外请专业人员配音。就这样，在一个又一个困难面前，项目组成员们合力思考、寻求突破，再思考、再突破。

一个月后，"售后小程序"成功发布，成了客户和公司技术人员必备的"红宝书"。此后，它一直大放异彩，成为引领公司数字化水平提升的新动力。

有时候，困难和需求，推动着思考和创新。困难引发我们去思考，思考可以取得不断的突破。

管理点评

企业要想实现可持续发展，需要打破思维定式，通过在技术和服务上的不断创新、迭代，来推动企业实现不断进步。

如果创新是企业突破和变革的核心，那么思考则是创新的源泉。通过不断思考，企业可以打破传统的思维模式和框架，探索新的思路和方法，从而推动产品和服务的升级换代，提升企业的竞争力。

当然，思考后的尝试，不一定全部成功，可能会犯错，甚至失败。但是，比犯错、失败更可怕的是安于现状和停滞不前。员工只有具备"敢为天下先的勇气和心态"，才能丢开思想包袱，大胆思考，小心求证，在突破之路上快速前行。

第 5 章 自我价值实现

05

在当前的商业环境下，没有一家企业是轻松的。同样，落在企业中的每一个岗位上，每个员工的工作同样充满各种挑战。

为了实现科学管理，组织对于员工的成长速度、方向、结果的管理需要借助相应的工具进行分析和调整。"工作特征模型"（job characteristics model，简称 JCM）就是一个很好的工具。

JCM 覆盖了员工成长需要强度、核心的工作特征、关键的心理状态、个人和工作的结果等部分。其中，对员工影响最深远的，就是员工成长需要强度。

一般情况下，企业会出台一系列机制和激励政策，来鼓励员工实现自我价值，从而为企业创造更多的收益。但企业能做的只是推动，真正起到关键作用的，还是员工自身的意愿。

如果个人成长需要强度较高，员工会主动走向"高质量发展"，由此接近其个人自我价值实现。反之，则是个人价值贬值。

在企业中，个人自我价值的实现，未必要惊天动地，可以是提供了某项建议，实施的成效非常显著；可以是改善了一个流程，提高了工作效率；还可以是在技术方法上进行了创新，提升了效率等。这些都会得到公司的认可。而这种认可逐渐积累起来，个人的价值自然就会体现出来。

管理工具的"妙用"

对于团队的管理，管理者首先要提出明确的目标，再通过理念和方法激发团队的创造力、执行力。

公司管理中的"理念"不尽相同，但经常是由管理者在管理实践中所创建，并与公司目标相融合而形成的。为了达成目标，管理者会研究和创造出诸多方法，这些方法通过日常的管理实践，逐渐形成策略或工具。

王阳明在《传习录》中说道："知者行之始，行者知之成。圣学只一个功夫，知行不可分作两事。"这就是"知行合一"。将管理工具和实践相结合，目标为本、理念先行、方法随后，这样的管理思路往往能够实现良好的管理效果。

故事一："德尔菲法"的效用

"工欲善其事，必先利其器。"对于管理者而言，掌握并熟练使用一些常用的管理工具，能让你在日常工作和项目管理中如虎添翼。

之前，公司开发了一个新的检测项目，向市场推广了一段时间后，始终没有达到预期的效果。于是负责人老李（化名）把整个团队叫到一起开了个分析会，经过讨论，大家认为问题主要有三点：一是要求完成的时间太紧张；二是技术难度太高；三是团队成员缺乏相关经验。针对当前项目存在的问题，结合团队成员各自的专业能力，老李连夜从十几种管理工具中选出了一个能有效解决问题的管理工具——"德尔菲法"。本质上这是一种反馈匿名函询法，其大致流程是在对所要预测的问题征得专家的意见之后，进行整理、归纳、统计，再匿名反馈给各专家，然后再次征求意见，再集中，反馈，直至得到一致的意见。

第二天，在部门例会上，老李提出采用"德尔菲法"的计划，并设计了一个分享计划：每天请一位团队成员，在下班后利用半小时时间分享一个和该项目有关的学术主题，所有团队成员必须认真聆听、做笔记，参与讨论。

由于团队成员大多具有深厚的知识背景和强大的实战能力，平时也经常会撰写项目研究和分析报告，都称得上是公司的"内部专家"。这种"内部专家"讲座加集体讨论的方式，提高了问题预测、问题诊断、问题分析的效率。

有了"每天分享半小时计划"，成员们有了表达自己观点的机会，团队也有了逐一解析项目难点的机会。老李团队通过对问题反复的整理、归纳、统计，最终形成了解决方案。项目的难题被逐一攻破，推广工作也比预期提前 1 个月完成。

合适的管理工具，不但能有效解决工作中的困难，还能让员工更好地实现自我价值。

故事二："反馈分析法"的效用

在工作中善用自己的优势很正常，但有时候我们会过于依赖固有的"优势"，陷入思维定式和行为惯性，原有优势反而成了工作中的阻碍。所以，我们在选择工作方法的时候，除了要关注自身的优势，还要注重实际表现和结果。从目标出发，不断进行反馈分析，从而确保自己走在正确的道路上。

小李（化名）是一名产品经理。因为她性格外向、工作积极、业务能力强，部门负责人希望她能发挥自己的优势，负责专家学术合作及渠道商务拓展方面的工作。

开始时，小李信心满满，可后来她的工作都进展得不顺利，很多项目都停留在初期阶段，客户意向不明确，内部沟通得不到有效反馈。小李的情绪也陷入低谷："明明自己有非常强的沟通能力，可是客户和同事为什么不买账呢？"

小李的主管老尹（化名）也察觉到这个问题，于是主动提醒小李:"是不是自我定位出现了偏差？自己认为的优势，是不是还能进一步细分，去发现不足，重点改进？"

小李参考老尹的建议，想起了公司之前安排的管理者培训中有一个叫"反馈分析法"的管理工具，觉得很适合自己现在遇到的情况，于是尝试用这个工具来重新进行自我认识。"反馈分析法"强调每当做出重大决策或采取重要行动时，都要事先明确预期效果，通过对"预期结果"和"实际结果"的比对、分析，找到问题的根源。

使用"反馈分析法"分析自己的工作之后，小李发现自己沟通的"实际结果"并不如"预期结果"那么乐观。这时，她对自己的沟通能力有了全新的认识，意识到自己这方面的能力并没有想象中那么强。

知道不足后，小李开始进一步使用"反馈分析法"，通过制定目标、分析比对、改进方法、总结提高，逐步提升自己的沟通能力。经过一段时间的自我调整，重新投入工作中的小李发现，自己和专家、客户以及同事的沟通都更顺畅了，很多合作项目也取得了实质进展。

"反馈分析法"能让员工在短时间内发现自己需要提高哪些方面的技能，或需要补充学习哪些新知识，也能让员工认识

到自己在哪些方面存在不足，及时调整心态和认知，找准自身
定位。

从这件事情上不难看出，运用合理的管理工具，可以帮助自
己更快地实现自我价值。

管理点评

面对新任务的挑战、需要通宵加班的、令人有些"不愉快"
的工作，管理者和员工之间通常是对立的：一方代表公司传达和
执行指令，一方需要接受和完成指令。如何让员工更主动地完成
任务，是管理者需要认真思考的问题。

有些管理者会使用"公司规章"这一制度安排，硬逼团队接
受任务，但是往往会遭遇团队成员的抵制。

成功的管理者首先会站在团队成员的角度，了解他们的真实
想法，然后设想一些创造性的方法和工具，引导他们发挥主观能
动性。

事实上，管理者在其日常工作中有很大一部分时间用于团队
组织和人员的资源管理，如果是部门管理者，其权责中就带有人
力资源相关的管理要求。要想统筹管理好公司的人力资源，提高
工作效率，管理者需要学会巧妙地使用管理工具。

跨部门协作：打破部门墙

在充满竞争和压力的职场，善良是最美好的个人品德。以善意为底色营造的工作氛围，会让公司像家一样和谐温暖。在日常的沟通合作中，如果每个人都能心存善念，不以恶意度人，真正去了解对方的立场和关切点，并且尝试站在对方的角度去思考和分析事情，少一些偏见，多一些坦诚，就能更好地促进互相的理解，减少误会，提高合作效率，最终实现合作共赢。

孟子曰："仁者爱人，有礼者敬人。爱人者，人恒爱之；敬人者，人恒敬之。""仁爱"强调善良、利他；"礼治"注重人与人之间的道德伦理和关系管理。企业要引导员工在工作中释放善意。善就是利他，利他才能利己。员工将这种思维运用到实践中，能实现终身成长，进而与企业取得双赢。

故事一：同舟共济

企业管理中，只有所有人思想统一、目标一致、情感共鸣，才能心往一处想、劲往一处使，从而形成强大的合力，共同推动企业持续发展。

我们公司增设分公司的时候，一大批跨业务部门的采购项目急需推进与落实。项目由 A 团队发起，需要 B 团队和 C 团队的协助和支持。A、B、C 三大业务团队被紧急召集在一起，着手制订采购项目的计划与执行细则。一时间，巨大的工作量与压力袭来，各团队人员的讨论声、质疑声此起彼伏。

"我们部门目前有几个正在推进的项目，时间已经很紧张了，这个项目工作量太大，还要投入这么多时间，真的很难协调开。"C 团队的负责人在会上为难地说。

B 团队的负责人也暗暗点头。

A 团队的负责人小陈（化名）说："这个项目的工作量的确不小，但这是公司的重点项目，只靠我们部门是无法完成的。的确，每个人都有自己的本职工作，但这个事情确实比较重要而且紧急，我们需要大家的帮助，才能完成这个工作任务。"

小陈的真诚打动了大家。"没问题，我们一起想办法协调。"C 团队的负责人转头对 B 团队负责人说道，"你们部门最近的工作任务确实比较重，要不，我们来负责主要的对接和执行，你们配合？"

"没问题。"B 团队负责人答应道，"这个月我们手头上有个着急的项目，确实派不出人手来。从下个月起，就能抽派人手了，这个月，你们先帮忙处理一下。"

"那我们的项目就正式启动吧，我们团队负责把握主要技术方向，执行方面由 C 团队主要负责、B 团队配合。后续有变化我们再调整。"小陈兴奋地表示。

会议室的氛围立刻变了，弥漫在三个团队间的畏难和不安的情绪顿时烟消云散，大家开始讨论项目细节，明确各团队的分工与协作细则。在三个团队的配合下，项目很快就正式启动了。

"同舟共济扬帆起，同心协力万里航。"单打独斗很难成功，只有团结协作，才能取得好的成绩。也只有组织成功了，组织中的每个人才能实现自我价值。

故事二：推己及人

"推己及人"是一种处世的态度和行为。它强调个体不应该只关注自身的利益，而要在做出决策或行动时考虑到对他人的影响。在职场中，"推己及人"体现在相互的理解和协作上。

之前，我们公司的 A 团队和 B 团队要合作完成一个紧急项目。两个团队都没有参与这类项目的经验，加上时间紧、任务重，为尽快推动项目开展，A 团队的负责人小张（化名）主动起草了时间管理表，并第一时间发给了 B 团队负责人小关（化名）。同时他还发出了会议邀请，希望双方尽快就工作任务和时间节点进行讨论。

为提高会议效率，小关先在自己的团队内部召开了研讨会。会上，一位成员对工作量和部分工作任务的时间节点提出异议：一方面，他认为工作分配上有失公平，认为 A 团队给自己部门加了过多工作量；另一方面，他觉得 A 团队在知道自己团队已经很忙的情况下，还把时间定得那么紧，时间安排不合理。

听完团队的意见，小关意识到，团队成员大多站在"己方视角"看待工作安排，甚至对兄弟团队生出了负面情绪。为了改变这种错误的认知，他及时引导和澄清："这个项目整体完成时间就 9 个月，这个时间管理表也是按照 9 个月的时间周期来制定的。另外，A 团队并不知道我们手里现有的其他项目，就像我们也不知道他们所有的工作任务一样。小张起草的这份管理表是供大家讨论的，考虑得不周到也是有可能的，我们需要根据目前具体的情况，把意见和建议整理出来，然后再和 A 团队坐在一起商量。"

听完小关的话，大家的消极情绪得到了平复，纷纷就项目中与自己有关的内容提出了看法和建议。会后，小关拿着这些建议找到小张。巧的是，小张也拿出修改过的管理表："我正想找你去，之前不知道你们手上有个紧急的项目，现在根据你们项目安排，我把几个节点的时间调了一下，你看是不是咱们两个部门的压力都能小一点。"

在第二次内部项目会上,小关专门把这个细节和团队成员做了分享,大家也有些不好意思,纷纷表示以后在合作中,特别是跨部门协作,一定做到换位思考,多视角看待问题。

最后,在两个团队的共同努力下,项目如期完成。因为大家的共同努力,两个团队都收获了公司的积极肯定。

如果负面情绪一直蔓延,导致合作受阻,那么两个团队都是输家。正是善意和坦诚扫清了项目初期的障碍,项目才得以圆满完成。

《淮南子·兵略训》中所言:"千人同心,则得千人之力;万人异心,则无一人之用。"在跨部门合作过程中,学会推己及人,多为对方分担与着想,能更好地实现合作共赢。

管理点评

"心理契约"是企业文化中的重要组成部分。员工受雇之后,会将公司视为重大依赖,比如可以完成自己的梦想、可以通过收入改善自己的生活质量、可以获得更多的朋友、可以建立相对闭环的私人社会圈等。

由于有了"心理契约",员工会秉持人性本善的价值观,心存善意，融入公司这一微型社会。

工作中，"冲突"是司空见惯的，就像家庭成员的意见也不总是一样，如何看待冲突、如何处理冲突才是关键。

在跨部门合作中，懂得换位思考，照顾对方的感受，用善意打破沟通障碍，建立信任、减少误解和冲突、激发积极情绪等方式，能有效促进部门间的交流和合作，进而实现共同的目标和利益。

包容是化解一切冲突的通行证

如何让文化背景不同、个性需求不同的员工，在企业获得更大的发展，使企业更和谐、更有凝聚力？

包容的企业文化能给员工提供充分的成长空间。当员工在工作中出现失误的时候，企业应该给予足够的理解和包容，帮助员工寻找症结，解决问题。通过营造开放、多元、尊重的氛围，激发员工的创新能力和工作热情，从而实现长期稳定的发展。

海纳百川，有容乃大。企业文化应该博采众长，兼容并蓄，既有包容性，又有宽容性。这样才能更好地招贤纳士，吐故纳新，让员工将自己的职业生涯与企业的发展壮大紧密结合起来，最大程度实现企业发展和个人价值的提升。

故事一：新人首秀

从失败中学习，是认知迭代中非常重要的一环。

小孙（化名）是最近刚入职的员工，她所在的部门负责和客户对接具体的事务性工作。所以，她的日常工作主要是聆听客户需求，然后制定相应的需求方案传达给相关部门，协助公司为客户提供更多有价值的服务。

小孙接到的第一项任务是，公司计划参加某个大型区域会，需要她做好参会报备工作。在安排工作时，主管老吴（化名）给小孙做了较为详尽的讲解。听了老吴的讲解，小孙觉得自己都掌握了，她自信地表示："没问题！我已经做了充分的准备，通过评审并最终获得参会资格肯定没有问题。"

但是，第二天他们收到的来自组委会的消息却是材料不齐全，未能报备成功。得知这个消息后，老吴和团队成员没有责备小孙，而是选择一起加班完善参会的申请材料。在团队的合作和配合下，提报资料终于通过了评审，公司获得了参会资格。

这件事让小孙感到很自责。她反思自己不应该自以为是，给大家造成了这么大的麻烦和风险，幸亏团队成员鼎力支持，才保住了参会资格。

有了这次教训，对于会议推进的后续工作，小孙变得更细致。一次和客户商榷时，客户表示不需要收集个人信息，小孙发现这一条与该客户以往的需求习惯不一致，就问对方："关于收集个人信息这一项，我看到您往年是有这个需求的，今年不需要了吗？是什么原因呢？"对方看了看手里的材料，回答："是的，不用了，这是新的要求。"小孙点了点头，但还是很谨慎地在这一处做了标记。

回到公司后，小孙开始思考：如果不管这个细节，到时候万一客户把需求改回去，需要增加个人信息这一项，那时候肯定会让自己和团队陷入被动的境地。于是小孙在本次需求应对方案的基础上，又额外做了一版增加收集个人信息的方案，并参照历史记录详细地准备了相应文档和需求变更流程说明。做完之后报给老吴审批，还补充解释了前因后果，获得了老吴极大的赞赏。

就在开会的前一天，客户又告知小孙，因这次的对接人刚接手这块工作，熟悉度还不够，关于收集个人信息这一项反馈有误，要求调整。由于之前周全的考量，她在极短的时间内就给予了反馈。小孙仔细的分析和周全的准备，得到了客户的高度评价。

作为新人，难免有失误，但是小孙在团队的包容和帮助下，不断改进，完成了自己精彩的首秀。

新员工的加入为团队注入新鲜血液，团队应该以包容之心，助力每一位员工的成长。在包容、尊重的文化氛围里，员工更能感受到组织的强大力量，以感恩之心去学习、反思和调整，进而实现自我提升。

故事二：一视同仁

包容的企业文化，是一家企业立足长远、谋求发展的根本，也是企业聚合力、树信心的原动力。

李姐（化名）是公司生产线的工人，因为性格腼腆又初来乍到，她刚入职的时候说话都不敢大声，但现在的她变得敢想又敢说。这一切的改变都要从她刚入职时的一件小事说起。

有一天中午，李姐到公司食堂吃饭，她刚坐到座椅上就跩跄了一下。"椅子坏了，怎么没人维修？"李姐嘀咕了一句，心想应该去和行政部反映一下，可是转念一想，如果自己去反映问题，会有指责行政部门工作不仔细的嫌疑。于是李姐没有理会坏椅子的问题，而是选择换个位置坐。

第二天，李姐和主管阿红（化名）一起到食堂吃饭，阿红走到那个坏了的椅子旁边正要坐下，李姐马上拦住她："这个椅子是坏的，换个座位吧。"

"谢谢你告诉我，你是怎么知道的？"阿红问。

"我上次差点摔了一跤，不过也没啥，这里还有座位。"李姐回答。

"这个情况你可以找公司行政部的同事呀！"

"我只是一名工人，向行政部同事提意见不合适吧，而且会不会给其他部门惹麻烦呀？"

"有什么不合适的，只要能帮助公司进步，都是好事儿。你别担心。"

阿红拿来表格和笔，递给她说："你写一下建议吧，没问题的，如果想法好，年会上还能得奖呢。"

"那我写一下吧。"李姐鼓足勇气投出了进入公司后的第一份小建议。

让李姐惊讶的是，很快就有同事来食堂检查桌椅，从贴上警示标到换上新椅子，只用了不到一周时间。这让李姐觉得自己之前的小心翼翼和局促不安实在是顾虑过头了。虽然自己是一名工人，但公司对每个员工都一视同仁，这点让李姐很感动。她想凭自己的经验，多出一些"新主意"，为公司发展多出一份力。

所以，李姐在日后的工作中更加细心观察，工作之余也额外学习工作上下游的相关知识，提出了关于车间物品摆放、操作的方式方法，改善区域的照明条件等建议。这些建议一部分被采纳，一部分经讨论优化后采纳。李姐也因提建议收获了公司颁发的奖励。

对员工一视同仁，给予足够的包容和理解，既是企业的"人性"，又是企业的"仁性"。"包容"的企业文化能让员工真正融入企业之中，不断为企业带来更多积极与正面的影响。

管理点评

作为由各种不同类型的人组成的复杂性组织，企业当中经常发生冲突。上下级之间、同级之间、部门之间、公司和客户之间，都有可能发生冲突。我们没有办法预测什么时候会发生什么样的冲突，能从根本上解决问题的方式，就是打造包容的企业文化。

包容具有明显的企业伦理内涵。在企业决策过程中，有一种决策方式叫"企业伦理决策"。包容可以解决制度所不能管辖的那些伦理决策问题。

包容的企业文化，可以为员工营造出被接纳、被尊重、被支持的工作环境。员工感受到更多的关爱和温暖，就有了更强的动力为企业发展不断赋能。

在"内公司"中成就自我

外部环境的变化，会影响企业的战略目标和策略制定。即便在稳定发展时期，企业仍面临着很多的风险和挑战。为了应对这些变化和挑战，企业不断增加新业务、在内部创建大小不一的"内公司"组织，这都是为了实现可持续发展，打造明日之路。

所谓"内公司"，也可以称为"内企业"，是企业为了激发员工的创新精神，允许员工在一定限度内离开本职岗位或利用一定空闲时间，从事自己感兴趣的创新活动，并且允许员工利用企业的现有条件，如资金、设备、人员、商誉、销售渠道等。"内公司"可能是一个相对独立的小企业，也可能是一个虚拟的小企业，生存于原有企业之内。现在很多企业在推动新业务或者第二曲线业务发展的阶段，都会采用这样的模式。

"内公司"的不断增加，一方面，对员工的知识和能力提出了更高的要求；另一方面，也为员工创造了更多成就自我的平台和机会。

《二程集》载程颐语道："君子之学必日新，日新者日进也。不日新者必日退，未有不进而不退者。"这句话给了我们深刻的启示，特别是在当前内外部环境变化迅速的情况下，想要有所成就，只有从思维、知识体系、实践方法等各个方面不断自我进化，把握机遇，才能与企业保持同步成长，成就自我。

故事一：与时俱进

认知决定思维，思维引导行为，行为主导结果。一个人的成长上限在某种程度上取决于这个人的认知上限，所以经验主义不可取，打破认知边界、好学求进才是更合理的自我发展之路。

在新形势下学习新本领，避免陷入"少知而迷、不知而盲、无知而乱"的困境，才能更好地开展工作。

之前，公司有一个新业务营销活动策划项目，小于（化名）拥有多年市场营销工作经验，自认对公司产品技术和市场环境了如指掌。因此，他主动申请负责这个项目，作为负责人来组建内公司。

当他信心满满、干劲十足，按照以往经验布置好活动后，活动当天却没有多少人到场，活动效果远远未达到预期。这让小于百思不得其解，很是沮丧。活动的策划和具体流程都没有问题，为什么结果不理想呢？小于陷入了深深的自我怀疑中，之后她主动找到部门主管请教，希望找出症结。

部门主管问小于："公司的新业务，无论是目标市场、产品定义，还是市场策略，都与传统业务不同，需要全新的市场营销模式及相关基础理论，这点你意识到了吗？"

听到这里，小于的心被猛地敲击了一下。是啊，自己想当然地认为之前很多次营销活动结果都不错，这次按照之前的做法进行肯定也没问题，但却忽视了新业务的特殊性。

部门主管接着提醒小于："新业务需要一套全新的知识体系，你既往的经验不足以支持新业务的需求，所以需要你快速学习，并不断创新，将这些新的理念应用到项目中去。"

经过一番沟通，小于意识到，吃老本是不行的，应该不断学习新事物，及时更新知识，才能满足新业务的发展要求。于是，他开始积极主动地学习新业务的基础理论知识，通过借鉴市场上类似活动的策划方案，听取团队成员的意见，不断改进和优化营销策划方案。在第三场促销活动中，小于终于成功地将订单转化率提升了 50%。

这次项目经验让他深刻意识到，唯有与时俱进，才能保证持续有效地取得创新突破。

企业需要根据时代和市场的变化，不断进行业务探索和创新，才能保持市场竞争力和持续发展。同时，企业也需要引导员工与时俱进、不断学习，与企业共同发展，进而实现员工自我进化和企业高质量发展的双重目标。

故事二：创业心态

具备创业心态的人通常敢于冒险、积极主动、充满激情、善于学习、注重团队合作，在面对挑战和困难时能够保持坚韧不拔的精神，不断追求更高的目标，努力实现自我价值。

为了在新的市场领域取得突破，公司成立了一个"内公司"——新业务拓展部，小林（化名）在这个时候加入新团队中，负责线上业务平台的运营工作。

根据新的岗位要求，员工需要学习产品的专业知识，但小林觉得："我们负责产品运营，学习产品专业知识有什么用呢？况且我之前都没接触过，也看不懂，这不是在浪费时间吗？"

后来，正式开展运营推广时，小林才发现问题。运营工作中的用户画像分析、产品触点分析、销售转化可行性分析等内容，都需要建立在系统了解产品专业知识的基础上，再结合新平台运营的特性落地实施。由于自己对产品专业知识不熟悉，导致运营推广很不顺利，严重耽误了项目进度。

小林看着旁边的同事们，他们能够根据产品的细节，快速进行数据分析，提出有效的解决方案。他们所展现的才华和实力，让小林既羡慕又惭愧。她意识到如果想要在这个新的部门中成长，在新业务拓展工作中有所作为，就必须克服学习新知识的抵触心理。

之后，小林开始主动学习，除了参加基础的产品培训课程外，还积极向团队内的"标杆"学习。此外，小林还主动承担了一部分售前客户沟通工作，和团队成员密切配合，在实践中快速学习用户需求挖掘和销售转化技巧。经过系统的培训和学习，小林很快能独立完成平台的运营工作了，她的工作表现也得到了部门主管和同事们的认可和赞赏。

创业心态是追求更高目标和不断学习成长的动力源泉，不仅对个人发展至关重要，而且对企业的成功起着关键作用。企业需要具备创业心态的员工来推动创新和发展，从而让企业不断适应市场变化，抓住新的机遇。

管理点评

随着企业的发展，新项目、"内公司"会逐渐增加，员工需要在思想意识、行动力两个方面做出改变。

首先，必须明确的是，新项目和"内公司"的业务战略，不以个人的意志为转移，需要服从公司的总体战略部署。无论愿不愿意，既然被安排到这样的组织单元中，员工就应该理解和服从。同时，员工必须快速进入角色，来应对新任务下的新挑战。

其次，在行动力方面，新项目和"内公司"要想创造更大的经济价值，最主要的是拓展更大的市场，这就要求每位员工不但要有市场意识和创业精神，还要有较快的反应速度和较强的应对能力。

最后，新项目、"内公司"所需的辅助资源是不确定的、多变的、市场化的，企业能提供的资源非常有限，需要新组织成员积极开拓和主动创造。

身处新项目或"内公司"的员工，需要尽快适应环境改变，提升业务转型能力，学习相关知识；尚未加入的员工，也要时刻做好岗位迁动、职位变动、工作场景更改的准备，持续为企业发展积蓄力量。

做"敢想敢干"的新员工

现实工作中，很多人工作时勤勤恳恳，但对上级的指示完全照办，或者人云亦云，随大流。这两种态度背后的原因就是担心做错事。他们放弃了自主思考,过多地遵照他人或大多数人的说法、想法做事。长此以往,不但员工会止步不前,而且会限制企业的发展。因此,独立思考是在企业发展的各个时期都应提倡的精神。

《孟子》中提到:"尽信书,则不如无书。"任何时候我们都需要保持独立思考的精神。

独立思考并不是个体行为,而是与组织、团队的集体智慧相互交织、共同作用的过程。通过培养员工的独立思考能力,组织可以激发创新活力、提升竞争力,实现可持续发展。

故事一: 幡然觉醒

小杨(化名)是公司的采购员,刚刚入职,她就发现现实状况与自己所预想的存在一定差距。除了日常工作,还有不少历史遗留问题需要她去处理。

小杨心想:"这些问题是之前的员工遗留下来的,如果处理得好,公司会觉得这是我分内的事;如果处理得不好,说不定还会影响到试用期业绩。不过哪怕试用期过不了其实也没什么大不了,还可以找下一家公司。"这些想法在小杨心里来回翻转。

随着时间的推移，小杨发现这里的企业文化和她之前工作过的公司大不相同。同事们积极向上，都有很强的"主人翁"精神。当她遇到问题的时候，同事们会热心地和她一起想办法，帮她找所需的材料，告诉她找哪个部门的哪位同事能快速地获取相关信息。

同事们的关心与帮助，让小杨在感动之余也开始反思：如果一份工作没有任何挑战，那这个岗位存在的价值和意义是什么？不管在哪家公司工作，都会遇到各种各样的问题，难道自己一遇到难题就退缩，永远在职场上做"逃兵"吗？与其如此，不如试着抛开杂念，不要瞻前顾后，只专注在工作本身，尽力做到问心无愧。

之后，小杨以更加积极正面的心态投入工作中，主动梳理各项工作的来龙去脉，并与同事和上级积极商讨解决办法。当有同事来找小杨咨询采购建议时，她会很乐意地挤出时间和他们讨论方案。小杨热情的工作态度和丰富的工作经验，也吸引了很多同事向她"取经"。

后来，在设计供应链采购方案的过程中，热爱钻研的小杨主动利用业余时间，对所要采购产品的市场价格、成本、利润空间等逐一进行了研究，并形成了详细的采购方案。充分的前期准备，让小杨能够胸有成竹地与供应商直接进行谈判，降低成本、争取利润，最大程度地保障公司和供应商之间的利益平衡，建立了健康的供应合作关系。

最终，小杨不仅非常顺利地通过了试用期，而且逐渐成长为采购部门的骨干员工，为公司"提质降本增效"贡献了不少力量。

员工的转变和成长离不开企业文化的熏陶。只要激励到位，还会有无数个"小杨"在企业文化这棵参天大树下迸发出活力。

故事二：独立思考

作为团队的一员，与其他团队成员思想一致、同步向前固然重要，但请不要忘记作为"个体"的思考。只有具备独立思考能力，才能和团队及企业一起更好地成长。

有一次，新员工小玲（化名）遇到了一个难题，一时想不出什么好办法，就去找部门主管老张（化名）请求帮助。她如实地把事情汇报了一遍，期待老张给予她一些建设性的意见，但是老张并没有直接回答她，而是温和地说道："情况我都了解了，现在我想先听一听你对这件事情的看法。"

小玲有些忐忑地说了自己的看法。老张听完之后，耐心地告诉她之前类似情况的解决方案，以及目前公司和部门的相关情况，然后再次询问："听完我刚才说的信息，你有什么建议方案吗？"小玲一番思索之后，说出了自己的建议。

老张听完之后点点头："你的这个建议很不错，但是我们现阶段要获取这个外部资源有比较大的难度，你看咱们内部有没有类似的资源可以整合或调用的，或者你可以试着站在老板的角度，再想想是否还有其他的办法？"

有了老张的指点，小玲的思路更清晰了。第二天，小玲基于全局的考虑和评估准备了三个方案，去找老张汇报。她从不同的角度陈述了各个方案的利弊，并结合自己的实践经验，给出了自己的推荐方案。最终，老张同意采纳小玲的推荐方案，该工作得以顺利推进。

通过这件小事，小玲深刻地明白了独立思考的重要意义。不能独立思考的员工，是没有灵魂的"打工人"。

通过独立思考，员工在收获快速成长的同时，还能提出更多有益企业发展的良策，从而实现企业和个人的共同成长。

管理点评

美国管理学家彼得·圣吉（Peter M. Senge）在《第五项修炼：学习型组织的艺术与实践》中提出了学习型组织的五项修炼：系统思考、自我超越、改善心智模式、建立共同愿景、团队学习。

其中，系统思考是其他四项修炼的基础。有独立思考能力的员工，能够在工作中形成独特的见解和观点，提升在职场中的竞争力，进而更好地实现自我价值。

彼得·圣吉还强调自我超越的前提是拥有"创造性张力"，而只有独立思考才能产生"创造性张力"。员工通过学习、思考、总结、提升，实现自我超越。

员工可以通过实践和学习改善心智模式。所有的理论学习和专业技能，都需要在实践中得到验证。员工在工作中遇到挫折和挑战时，通过思考，反复实践，战胜困难和挑战，长此以往，就会形成自己的工作模式。这种模式可以有效地提升工作效率和质量，形成一套工作和学习经验。这些工作和学习经验是企业文化和团队建设的宝贵财富，能够带动更多的员工成长，提升公司的核心竞争力。

越过挫折后的蜕变

《易经》有云:"易穷则变,变则通,通则久。"这句话告诉我们,逆境时更要思考,求变,变化之后才能通达,通达之后才能长久。

基于企业自身和商业环境的变化,企业当中很多岗位的要求都在发生变化,员工面临着新的挑战。比如,前台业务岗位越来越要求产品能力和服务能力,而中后台岗位也越来越强调面向市场的意识和能力。

传统经验的失效,让很多员工遭遇了挫折,有人一蹶不振,也有人通过持续的学习和成长,成功完成了蜕变。而后者,往往拥有更加广阔的未来。

故事一:停下脚步,再出发

当我们在工作中遇到挫折和挑战时,不应急于前行,而要适时地停下脚步,思考自己前进的目标和方向,重新审视自己的策略和计划。这种做法可以让我们调整自己的步伐和状态,以应对工作中的各种挑战。

小陈(化名)之前在一家医疗公司的市场部工作多年,因为职业发展遇到瓶颈，经过慎重思考，她加入了我们公司，希望借助公司平台实现她的职业愿望。

刚开始，她对产品技术和客户个性化需求都不了解，和上下游的沟通也不顺畅，面对堆积如山的材料、报表和时不时惹来的"投诉"，小陈陷入了疲于应付的工作状态，这让她非常沮丧。

小陈认真反思了目前的工作状态，发现自己虽然忙忙碌碌，但是好像一直被工作支配着往前走。她意识到，如果想要从这个困境中解脱出来，必须调整心态，重新规划，找到一种更加高效和有序的方法来应对工作任务和挑战。

她重新审视了自己的时间安排和任务管理。她发现自己有时候会在一些琐碎的任务上浪费太多时间，而忽略了更为重要的事情。于是，她制订了一份详细的工作计划，列出每天的任务清单，并按照优先级进行排序，确保先完成最重要和紧急的任务，然后再处理其他琐碎的事情。有了具体的计划，小陈发现，她的工作效率提高了，逐渐能够从容地处理各项工作。

后来，小陈发现，有些工作要耗费过多的时间来处理，是因为自己缺乏某些技能或知识。于是，她开始主动向同事和领导请教，学习一些新的技能和方法，以提高自己的工作效率和质量。她还开始积极参加各类培训活动，与团队成员进行交流和分享，提升和团队成员的协作能力。

通过不断的学习和调整，小陈进入了良性循环，不再被工作"追着跑"，有了更多的时间去思考和分析问题。

面对工作之中的困境，适时停下脚步进行反思，调整步伐再出发，对于员工工作效率的提高和个人成长至关重要。

故事二：别让经验成为最大的阻碍

经验是一种宝贵的财富，它可以帮助我们更好地应对各种问题和挑战。然而，有时候经验也会让我们形成固有思维，成为我们前进道路上的最大阻碍。

小高（化名）是一名区域销售主管，销售经验丰富，多次获得"最佳销售奖"。凭借多年的销售经验，每年他都能带领团队出色地完成业绩指标。然而，在一次"失单事件"中，小高突然意识到，对经验的过度依赖已经成为他销售工作的阻碍。

当时，小高了解到一家医院的实验室有自动化仪器的采购需求，而公司正好有客户需要的两款主流仪器。仅凭经验和客户预算，小高就直接推荐了功能比较基础的一款仪器。结果医院在招标审查时，发现仪器的参数不符合招标要求，要求公司重新进行仪器申报。也是因为这个失误，该院实验室负责人给小高贴上了"不专业"的标签。

与这个机会失之交臂后，小高开始反思，自己按照以往的经验选产品，只将注意力放在客户的预算上，没有向客户做细致的产品介绍，导致了失败，还给客户留下了"不专业"的印象。好在还有二次申报的机会，小高暗下决心，这次一定要抓住机会。

在接下来的日子里，小高仔细分析了医院的需求，发现这家医院适用更高配的仪器，而其他竞争厂家推荐的都是低配版仪器。小高明白，要想在二次申报中获得成功就必须"剑走偏锋"，于是小高大胆推翻了之前的推荐方案，及时改进策略，决定向客户推荐更高配的仪器。

通过频繁的拜访和沟通，小高终于获得了向客户介绍产品的机会，他向客户详细介绍了高配版仪器的基本情况，从性能、发展趋势等方面与其他仪器进行了参数比对，同时结合目前项目开展情况，给出了具体的检测优化方案，最终打动了客户，成功签约。

经验是一把双刃剑。一方面，经验可以为我们提供指导和帮助；另一方面，过于依赖经验可能会让我们无法适应不断变化的市场需求和竞争环境。因此，在工作中，我们需要不断突破经验的局限，聚焦客户需求，在创新中求变，才能实现持续发展，在未来的不确定性中赢得优势。

管理点评

员工在工作中，会遇到很多挫折和挑战。不同行业、不同岗位的员工面临的挫折和挑战也不尽相同。

对于生产岗位的员工来说，如何降低生产成本、提升产品质量、升级和改造生产线，是他们要思考和解决的难题。

对于技术人员来说，如何通过技术创新，让产品实现更新迭代，以满足不断变化的市场需求，是他们所面临的压力。

对于销售员来说，及时、准确地掌握客户的需求信息，并为客户提供优质、高效的服务，是他们的天职。销售员和客户的"纠缠故事"每天都在上演，如何在激烈的市场竞争中取胜，是每个销售员都必须克服的困难。

面对挫折和挑战，员工不能桎梏不前，而是要勇往直前，积极面对。通过提升自己的能力和素质，来应对不断变化的市场环境和工作要求。

同时，企业也应该为员工提供必要的支持和资源，帮助他们克服困难，实现个人和组织的共同成长。

在平凡中铸就非凡

感恩是一种美德。拥有感恩之心的员工会更加珍惜工作机会和资源，以更强的责任心、更出色的工作表现来回报企业。

感恩不仅是感谢与回报，更是发自内心对自己、对团队、对事业的认同感。员工只有满怀感恩之心去工作，才能在面对挑战性的任务、面对困难的沟通、面对棘手的投诉时不畏惧、不抱怨、不气馁，以从容、坦然的心态去应对，把每一个挑战看成是个人成长的台阶。

"不积跬步，无以至千里；不积小流，无以成江海。"那些心怀感恩的员工，不会因为一点成绩和收获就沾沾自喜，而是始终保持开放和谦虚的态度，把工作中那些平凡的琐事做好，实现从平凡到非凡的跨越。

故事一：办公室搬迁

敬业的人除了有忠于职守的工作态度、强烈的责任感，还有不求回报的奉献精神。

由于办公室搬迁，小杨（化名）单程通勤时间从原来的三十分钟变成了两个多小时。

"路上要这么久，你的身体能吃得消吗？"小杨的母亲表示担心。

"妈妈，你晚上回家那么晚，我都睡着了……"女儿用稚嫩的声音说。

听着家人的话，小杨不禁鼻子发酸。如何平衡工作与家庭？是继续留在公司工作还是另寻出路？小杨面临的挑战并非仅仅是通勤距离的改变，更是对自己职业选择和决心的考验。

回忆起自己刚加入公司时，对工作充满困惑，对未来也一片迷茫。正是公司领导的支持和同事们的帮助，让小杨从一名职场小白逐渐成长为一名优秀的员工。而公司也为她提供了良好的平台和成长机会，让她可以在自己的岗位上施展才华，实现个人价值。想到这些，小杨坚定了留在公司的决心。

经过耐心细致的沟通，她的这个决定也得到了家人的支持和理解。尽管此后通勤时间变长，陪伴家人的时间变少，但小杨仍然坚守在岗位上，并有效利用路上的通勤时间进行学习，不断地提高自我。

在实验室搬迁的过程中，很多文件、设备需要衔接，小杨毫无怨言地奔波在新旧办公室之间，还主动将各项文件都做了重新梳理和归档。小杨的感恩心态及敬业表现，得到了部门领导和同事们的高度赞扬。在年终评优时，小杨获得了先进表彰。那一刻，小杨觉得通勤的疲惫、奔波的辛苦在公司的认可面前是如此微不足道，也庆幸当时自己的选择。

怀揣感恩之心的员工可以乐观、积极地面对工作中的困难和挑战，忠于职守、尽职尽责、任劳任怨，在平凡的岗位实现自我价值，铸就非凡成就。

故事二：承诺在我心

品质不仅仅是一个名词，更是被严格执行的标准；它不是一句空洞的口号，而是可以被真真切切感知到的存在。

对于我们公司的员工来说，"质量为先"从来不是口号和形式，而是刻在每个人基因里的使命，更是对万千客户和病患最坚定的承诺。

小张（化名）作为质检人员，每天的主要工作就是在仪器旁检测。日复一日机械式的工作让他感到非常枯燥和乏味，慢慢地，他开始思考自己的工作是否有意义。

有一次，他发现了一个看似微不足道的细节问题，因此避免了一场医疗事故的发生。这个经历让小张看到了自己工作的价值。他终于意识到，这份工作看似枯燥，却有着重大的意义。每一份样本，每一个数据，都关系到病患的生命安全和健康，自己负责的检测工作不仅是对公司产品质量的保障，更是对病患的承诺和责任。

小张找到了工作的意义和价值，他开始更加认真地对待自己的工作，也更有激情和动力。他的态度影响了周围的同事，他们更加重视质量问题，并以小张为榜样。

一分耕耘，一分收获。凭借耐心的坚守和负责的态度，小张和同事们获得了"优秀质检团队"的光荣称号。小张也从最初的手忙脚乱变得沉稳从容，练就了一双"火眼金睛"，完成了从小白到技能专家的蜕变。

爱岗敬业不是一句简单的口号。它需要员工树立正确的岗位意识，用心发现工作的意义，在平凡的工作岗位上创造不平凡的价值。愿每个员工都可以在自己平凡的工作岗位上施展理想抱负、奉献聪明才智。

管理点评

心理学认为感恩是一种令人愉悦的情绪感受。感恩不仅是企业文化的重要组成部分，也是员工个人成长的关键资源。拥有感恩之心，不仅能促进个人成长、减少职业倦怠，而且对提升团队的协作水平有积极作用。

企业倡导"家"的氛围，家的力量让员工克服困难，迎接挑战，而感恩是这种"家"文化的情感基石。员工拥有感恩之心，才能在困难面前不畏惧、在琐碎面前少抱怨。这种包容、理解、关爱的态度，不仅能够促进同事之间的和谐共处，还能够激发自身的创造力和创新精神，进而帮助员工在平凡的工作岗位上超越自我，实现自我价值。

"感恩"是一种心态，企业需要提供土壤和肥料，培养员工的感恩之心，将感恩之情融入"家"文化的实践中，为员工营造充满温馨、和谐与正能量的工作氛围，帮助员工成就自我、超越自我。

第6章　工作方法律

06

在发展的过程中，企业往往会沉淀自己独特的工作方法和规章制度。我们将其统称为"工作方法律"。

"工作方法律"是企业所有团队、所有员工都认可的工作方法，企业会要求员工在工作中遵循该方法论，去开展具体的工作。

"工作方法律"并非一成不变，而是会适应内外部环境变化而不断创新。员工作为"工作方法律"的执行者，站在任务执行的最前沿，最能分辨出市场中的"炮声"。他们往往承担着"工作方法律"的探索者、创新者的角色，通过自己的实践，不断对现有工作流程、机制进行优化调整。而这些优化调整如果被企业采纳和推广，就会形成一种可被参照的新工作习惯或案例，写入"工作方法律"中。其中，因某类项目执行、某些关键业务而新创的微方法，会形成可被参照的新案例或新范式，写入"工作方法律"中；而关于组织结构、业务流程、决策机制等方面的重大方法，往往会形成规章制度，成为"工作方法律"的重要组成部分。

可以这么说，"工作方法律"决定了不同时期企业内部运转的效率，是一家企业生生不息、基业长青的内在活力源泉。

共同打造和维护一个"浓缩社会"

作为企业的一名员工，无论是身处管理岗位还是基层岗位，其言行举止、责任担当都关系到企业的运营状况和发展前景。

该发声的时候却保持沉默，可能会使原本简单的问题复杂化，甚至导致不必要的误解和冲突。这种"多言数穷，不如守中"的明哲保身态度，不利于个人和组织的健康发展。

企业鼓励员工在适当的时机、用恰当的方式表达自己的观点和想法。当然，这并不意味着员工可以无节制地发表意见，在不合适的时候泄露敏感信息或"天机"。这样"知无不言，言无不尽"的轻率行为，也会给企业带来不必要的麻烦或损失。

员工需要把握好沟通的时机和方式，谨记岗位职责，遵守职业操守，做到"言而有信，行而有果"，进而实现个人和组织的共同发展。

故事一：不要让"沉默"形成"螺旋"

员工是企业可持续发展的核心，企业需要帮助他们建立起"主人翁"意识，驱动员工与企业同呼吸、共命运，激发他们的凝聚力和创造力，实现员工与企业的共同成长。

但在现实中，当问题真正摆在面前的时候，常常会有员工欲言又止，或者干脆保持沉默。

为了促进业务的快速发展，我们公司决定升级企业管理系统软件，以提高办公协作效率、完善管理流程与制度。资深软件工程师老李（化名）作为项目组核心成员，负责系统后端架构的设计与开发。

在讨论系统架构的设计方案时，团队面临着两种选择，方案一是采用成熟的框架进行快速开发，但无法进行模块化定制；方案二是采用新技术，从头开始搭建，费时费力，但好处是可以灵活满足业务发展的不同需求，具备更强的长远效益。

老李作为技术骨干，内心更倾向于后者。但引进新技术就意味着团队中的大多数成员需要在短时间内学习和掌握这门新技术，压力非常大，因此大家还是更愿意选择相对稳妥的方案一。看到大家的反馈，老李选择了沉默，他没有表达自己的真实想法。最终，项目组决定使用成熟的框架进行快速开发。

在团队的共同努力下，新的软件很快就顺利上线，功能也可以满足公司正常的业务需求。但随着业务的飞速发展，不到一年，这款系统就无法满足新的业务需要，且无法进行后续修改，只能淘汰这款系统，研发新的软件。这时，老李开始后悔当时没有直接表达自己的真实想法。

在项目讨论会上，老李率先检讨了自己之前的思想问题，由于他当时不忍打破团队内部意见的"和谐统一"，又不想花太多精力去说服团队其他成员，因此没有诚实地表达自己的专业意见，导致项目在短期内又要重新开展，造成团队人力与资源重复投入的问题。出人意料的是，老李坦陈自己的想法后，团队中有许多人站出来表示，当时也是因为看到"多数人"和技术大咖老李都没选方案二，所以自己才选了方案一，但其实自己是希望引进新技术来升级软件的。

这次团队意见的"失真"，让团队和老李都意识到团队成员真实意见表达的重要性。在后续的讨论中，为了帮助大家卸掉"思想包袱"，项目经理和老李采取了相应的措施。一方面，项目经理和老李会在讨论会上主动分享不同的想法，打开思路，引导大家站在自己专业的角度，提出对新软件的想法和构思。另一方面，团队每位成员也可以在会后把自己能想到的问题公开或私下反馈给项目经理，由项目经理带到团队会议中进行讨论，充分发挥团队智慧，共同寻找更优的解决方案。

由于团队成员们的建言得到了积极反馈与重视，大家逐渐感受到自己对于项目的贡献度和参与感，团队的发言氛围也愈加开放、活跃，对后续项目的顺利发展起到了重要的作用。

"沉默的螺旋"（Spiral of Silence）理论是传播学的经典理论，是指如果一个人感到他的意见是少数的，他会倾向于不表达出来。尤其是在持有违反权威、主流或可能遭到攻击的观点时，人们倾向于保持沉默。在企业中，如果员工担心表达自己的意见会受到惩罚或排斥，他们可能会选择保持沉默，久而久之就形成了"沉默的螺旋"。一个人的沉默，最后可能会升级为大多数人的沉默，甚至演变为组织的沉默。这种沉默不仅会影响员工的参与度和满意度，还可能导致组织内部许多潜在的问题无法得到有效解决。

为了避免这种情况，组织需要营造一个开放包容的环境，鼓励员工勇敢地表达自己的意见，并通过建立良好的沟通机制，让员工知道意见会被认真对待，从而有效减少"沉默的螺旋"现象的发生。

故事二：原则立场

员工在做好本职工作的同时，需要时刻保持高度的"保密意识"，避免企业重要信息的外泄。

小倪（化名）是工艺部的一名老员工，平时喜欢运动。她经常和同事小青（化名）切磋羽毛球球技，一来二去两人成了好朋友。

有一次在运动的间隙，小青提出，想让小倪分享一些关于产品生产的技术资料。小倪想，这些技术资料属于公司保密信息，小青又不是技术部员工，按照公司规定，非业务人员因工作需要获取产品技术资料必须先申请才行。碍于情面，小倪当时没好意思直接拒绝小青的请求。

晚上回到家，躺在床上，小倪辗转反侧，暗自琢磨着："小青要的都是公司产品生产的核心技术资料，一旦泄露出去，会给公司造成不可估量的损失。身为工艺部的老员工，我必须对公司负责，不能把资料给她。如果她把我当真朋友，也会理解的！"

于是，第二天小倪找到小青，委婉地拒绝了她昨天的请求。没想到过了两周，小倪就收到了小青离职的消息，听说她去了另一家竞品公司。此时，小倪突然明白了小青当初要技术资料的原因，想想很后怕，也庆幸自己当时坚守了职业道德，没有给自己的职业生涯留下污点。

员工需要遵守公司的规章制度，坚持自己的职业操守。在工作中坚守自己的原则和立场，守住自己的底线，为公司的健康发展贡献力量。

管理点评

作为一个社会组织，企业汇聚了来自不同背景、拥有不同技能和经验的人。这些人在共同的规则、制度和文化下，相互配合和影响，形成了一个"浓缩社会"。

在这样的"浓缩社会"中，会产生两种社会型关系：人与人的社会型关系、企业（或组织）与人的社会型关系。这两种社会型关系都需要遵循社会伦理道德原则。

在人与人的关系（包括员工和员工之间、员工和上下级之间等）中，社会伦理道德主要体现在尊重、公平、诚信和责任等方面。员工之间应相互尊重，避免歧视和欺凌行为，共同营造和谐友好的工作环境。

在企业（或组织）与个人的关系（包括员工和组织之间、员工和企业以及社会三者之间等）中，社会伦理道德同样发挥着重要作用。企业应尊重员工的权益和尊严，为员工的成长和发展提供必要支持。同时，员工应遵守企业制度，履行岗位职责，坚持自身职业操守。

总之，企业这个"浓缩社会"中的各种社会型关系都需要遵循社会伦理道德原则。这些原则不仅有助于维护企业的稳定和发展，还能够提升企业的社会形象和声誉，为企业可持续发展奠定坚实的基础。

由独立思考引发的五项修炼

员工干好本职工作是值得肯定的，但如果能在工作中多观察，多总结，调整工作方法，优化工作流程，则更值得鼓励。孔子云："学而不思则罔，思而不学则殆。"只有在工作中学练相辅，思行合一，才能更高效率地提升自己的能力，承担更多的责任，为企业的发展贡献力量。

勇于担当、不怕"犯错"和坚持独立思考，是在企业发展的各个时期都需要提倡的精神。从管理理论的角度来看，独立思考并不是个体行为，而是会影响组织文化及其他相关方面的管理行为。当员工都愿意也能够去独立思考的时候，管理会变得容易很多。管理者只需要做好赋能的工作，并在合适的时候为员工把好关，把具体执行交给员工去做，往往就能收获不错的结果。

故事一：快速学习

工作中，当我们接到新任务、遇到新困难时，不断地学习和思考，可以让我们快速掌握新技能，进而战胜困难、完成任务，实现个人成长。

小罗（化名）刚进公司的时候就接到了评估产品价格体系的任务。这项工作非常复杂，案例申请涉及几十种产品组，品种规格有几百个，又多又杂，数据库也几乎需要从零开始建设，工作难度和强度都很大。

而小罗的主管小方（化名）当时有其他工作安排，很多难题需要小罗自己想办法去解决。面对重重困难，小罗没有退缩。结合自己的工作经验，她决定先熟悉产品。掌握产品情况之后，小罗又发现自己的统计分析知识还不够，于是，她找出统计分析方面的培训课程，立刻学习起来。

恶补了产品情况和统计分析知识之后，小罗重新梳理了评估工作的逻辑，此时她发现整个工作流程渐渐清晰起来。这个发现，也让她对于接下来的工作更有信心。

正巧，小罗掌握了工作方法之后，就收到一份价格申请，小罗按照自己的设计，出具了一套评估方案，提交给了主管小方审核。

小方阅读之后，批注了当前版本方案中缺失的几个要点，帮助小罗拓展思考。小罗心领神会，不仅增加了小方提到的一些内容，还额外增加了产品数据分析、竞品分析等内容，经过再三调校，最终形成了新的方案。

小罗第二次汇报方案的时候，小方很是意外。一般情况下，收到上级要求修订和补充的意见时，多数人仅在上级要求的基础上进行补充、完善。而小罗的方案不仅满足了上级的整改要求，而且站在使用者的视角添加了自己独立思考的内容。

小方表扬小罗说："在原方案基础上，你又添加了自己的想法，真不错，要继续保持这种独立思考的好习惯。"

得到部门负责人的肯定，小罗的工作积极性也进一步提高。在以后的工作中，小罗还设计和完善了诸多操作指引文件和流程。

遇到问题，加强学习，勤于思考，最终将经验固化为能力，是员工快速成长的必经之路。

故事二：从小合同到大合同

大部分员工都会按部就班地工作，这种稳定性可以维护工作秩序、提高效率。然而，如果过于拘泥于常规，可能会限制个人的成长和进步。反之，多一份思考和细心，有助于员工在日常工作中取得新的突破。

近几年，随着公司的快速发展，集团总部设立了很多分支机构，但是在统一管理和协同配合上，还存在一些问题，亟待改进。

小贾（化名）的工作是负责集团总部及各子公司的物流管理，日常工作中，他发现集团总部以及各地分支机构都单独与快递公司签订合作合同，这样不仅不便于统筹管理，还无法享受快递费用的优惠梯度折扣。

如何既在整体上把控物流管理，又能让子公司享受到更多的优惠政策？小贾几天内反复在心中考虑这个问题，不断寻求更好的解决办法。

经过梳理和研究，小贾向管理层提出了整改方案：由集团总部统一与快递公司签署框架协议，再分别给各子公司设置子账号。

这个建议通过管理层审批后，很快进入执行阶段。从在供应链、行政等部门开展需求调查到分析个性化需求，从合作模式设计到谈判开展，最终集团公司与快递公司成功签订了框架合同，实现了内外部多赢的局面。

创新不只出现在实验室里。员工从小事着手，善于观察和思考，能发现问题、解决问题，让工作更高效，这就是创新。

管理点评

当员工养成独立思考的习惯时，他们能够自主分析问题，寻找最佳解决方案。他们不依赖于他人意见，而是深入挖掘问题的根源，主动思考不同的解决方案，并选取最佳解决方案。这种对工作的深入理解和独特见解，使得他们能够在面对复杂问题时迅速做出反应，有效解决问题，极大地提升企业的工作效率。同时，独立思考的员工往往能够在团队协作中发挥重要作用。他们不仅主动思考，还善于倾听他人的观点，能够将不同意见进行整合，形成更加全面和完善的解决方案。这种开放和包容的态度，有助于激发团队的创造力和活力，推动团队朝着共同的目标努力前进。同时，他们的独立思考能力也能够为团队带来新的视角和思路，促进团队的持续创新和发展。

此外，员工的独立思考习惯也能够增强企业适应市场变化的能力。在快速变化的市场环境中，企业需要具备敏锐的市场洞察力和灵活的反应能力。独立思考的员工能够迅速捕捉到市场的新趋势和变化，为企业提出针对性的建议和策略，帮助企业保持竞争优势。他们的创新思维和敏锐洞察力，使得企业能够在不断变化的市场中立于不败之地。

员工的独立思考习惯甚至还能够促进企业文化的积极转变。一个鼓励独立思考的企业更容易形成开放、包容和创新的氛围。在这样的企业文化中，员工敢于表达自己的想法和观点，勇于尝试新的方法和思路，能够推动企业的持续创新和发展。这种积极向上的企业文化将吸引更多优秀人才加入，为企业的长远发展奠定坚实基础。

隐藏在组织内部的"隐形平衡计分卡"

如果把企业比作一辆汽车，各个部门就是发动机、轮胎、方向盘等部件，每个部门都扮演着不同的角色，起着不同的作用，和别的部门一起推动这辆汽车前行。企业这辆汽车要想在激烈的市场竞争中脱颖而出，需要各个部门团结协作、共同努力。

《论语·子路》有云："君子和而不同。"一个高效的团队，未必所有意见都相同。允许不同的声音和观点，坚持求同存异的原则，往往是团队创新和成功的关键。

故事一：一份《客户服务年报》

服务客户无小事，是深入销售员内心的理念。但是，销售员只是自己重视是不够的，还需要与其他部门密切协作，共同努力践行客户至上的理念，才能赢得客户信任和支持，实现公司的可持续发展。

为进一步优化产品和服务质量、提升客户满意度，技术应用服务部与各部门协商，共同推出了《客户服务年报》计划。该年报主要分析、总结对大客户全年服务的工作要点，提炼业务团队在售前推广、临床互动、售后仪器维修、会议支持等方面的共性经验，并将其通过具体、量化的形式展现出来。

这份年报直接反映了公司的服务质效，对于构建客户服务体系大有裨益。各部门都非常重视这个计划，从明确任务目标的那天起，各职能岗位的员工就开始积极准备素材，希望呈现自己部门的工作成效。可面面俱到就很容易出现繁杂冗余的问题。究竟哪些内容适合被编撰进年报里，成了大家争论不休的焦点。

"说明部门成绩的内容占比有点多吧？是不是需要删减一些？"

"这是大家全年工作的大总结啊，删掉太可惜了吧！"

"数据统计这部分内容，可能需要重新调整一下。"

一次次的激烈辩论和版面修改，让各部门对彼此付出的辛劳、各自面对的困难有了更深的了解和体会。最终，在四个职能部门的共同努力下，一份格式标准、重点突出、承载着真诚和专业化服务理念的《客户服务年报》制作完成。

年末，当业务部门带着这份年报走访客户、向客户汇报工作和展望新一年规划的时候，客户对公司产品和服务给予了充分的肯定，同时也提出了新的要求："希望你们公司明年做得比今年好！明年让我们看到更优秀的汇报！"

客户的表扬，既是鼓励也是督促，各部门团队在感到振奋和欣慰的同时，也在思考不足和改进的方法。这份《客户服务年报》也让各部门之间更加团结，关系更加紧密。

积极互动、团结努力、支持共进，是构建具有强大战斗力的矩阵团队的关键要素。这些要素相互交织，共同推动团队成员朝着共同的目标迈进，形成一支无坚不摧的团队。

故事二：三支团队联合攻坚

公司级项目往往涉及多个领域、多个层面，需要整合各种资源、知识和技术，单凭一个部门或几个人的力量是难以完成的。只有多个部门的通力合作，才能充分发挥公司的整体优势，顺利推进项目的实施。

在合作过程中，各部门逐渐打破壁垒，消除隔阂，建立起相互信任、相互支持的关系，进而不断增强公司的凝聚力和战斗力。

在国家深化医药卫生体制改革相关政策出台的大背景下，全国各地不断推动优质医疗资源下沉，基层医院的设备采购量开始逐渐提升。

面对难得的市场开拓机遇，销售部门立即组织团队成员解读相关文件，详细分析在医院扩大建设及升级评审中基层医院的项目和设备需求。

调研过程中，销售团队发现当前最突出的两个问题是检测需求量不大和读片技术难度高。为解决现实问题，公司组织了销售团队、区域技术应用服务团队和区域市场团队三支团队，共同商讨解决方案。

针对基层医院检验科对检测项目缺乏了解的现状，销售团队制订了一系列科室培训计划，罗列出 10 个核心议题，分阶段、分步骤地向检验工作者普及相关领域学术前沿知识，培训检测流程和读片技巧，以提升基层医院对检测项目的认知，培养基层医院检验工作者实验操作的标准化意识。

为响应分级诊疗的政策，实现患者分流，增加基层检测数量，区域市场团队根据不同层级医疗机构的特点，开展区域交流会，搭建临床和检验的交流平台。区域市场团队还安排学科带头人开展学术分享，解读最前沿的诊断标准，帮助基层医院的医生细致地评估疑难杂症，指导他们开具必要的检测项目来完成疾病的初筛，并为基层医疗机构的样本送检提供必要的支持。

区域技术应用服务团队则通过大力推进自动化解决方案的建

设，联合各方合作伙伴，为客户提供最先进的实验室全面自动化方案，助力基层医院的自动化建设和发展。

三支团队各司其职，紧密配合，在半年内顺利完成了三家区域检验中心的项目开发。随后团队又将成功经验复制到另外五家区域检验中心，并全部实现项目的成功开展。

由此可见，每个团队或部门都有其特定的职责和专长，当这些团队密切配合、通力合作时，能发挥更大的团队优势和价值，进而实现企业级的项目目标。

管理点评

平衡计分卡（balanced scorecard）是常见的绩效考核工具。它的核心思想在于通过财务、客户、内部流程、学习与成长四个维度的平衡，来全面评估组织的绩效。

当我们使用这项工具时，不仅要关注绩效考核本身，而且要关注如何通过平衡计分卡帮助团队协同工作，实现共同的目标。

在团队协作中，每个成员都扮演着不同的角色，拥有各自的优势和特长。通过平衡计分卡，我们可以明确团队成员的职责和目标，使大家更好地协同工作，形成合力。比如，为了完成财务指标，销售团队当中，需要有人对市场信息进行敏感的抓取，需要有人不断拓展新的业务市场，进而达成销售和财务目标。

从这个角度来说，平衡计分卡有助于企业建立共同的目标和愿景，让每个成员都能明确了解团队的整体方向，从而调整自己的工作重点和方向，为团队的整体绩效做出贡献。

用行动"代替"思考

管理者的行动力，是衔接战略和成果的关键要素。

战略再好，如果不付诸实践，也只是纸上谈兵。管理者需要对企业战略目标进行层层分解，反复思考，充分论证，然后带领团队成员迅速行动起来。在行动过程中，管理者还要密切关注进展情况，及时发现问题，调整战略，确保行动顺利进行。

"勤于思，敏于行"。"思考"和"行动"两者缺一不可。无论做任何事，如果只是想想，却不付诸实际行动，肯定是没有结果的。而不经过思考就莽撞行动，可能会南辕北辙，也无法取得最后的成功。

有时候，行动远比想象更有力，完成比完美更重要。

故事一：在行动中实现目标

三思而行固然没错，但有时候过于谨慎会让我们错失很多机会。在困难面前，勇敢尝试，能激发创新思维，拓宽工作思路，使我们找到更好的解决方案。牢记目标和原则，控制试错成本，勇于尝试并在实践中不断优化方法，能让我们更快地达成目标。

之前，我们公司没有自己的管理运营系统，使用的全部是外购的系统。随着业务的发展，外购系统的固定逻辑无法满足本地业务的差异化发展。于是，公司决定自主研发管理运营系统，逐步取代外购系统。

自主研发管理运营系统需要建立一支全功能的应用开发团队，而开发团队的现状是研发成本短缺、人员系统开发技术和经验不足。对他们来说，这无疑是巨大的挑战。

为了突破困局，开发团队内部进行了讨论。

小王（化名）建议："我们能不能招聘更有经验的技术人员，来解决我们当前面临的技术难题？"

团队主管老张（化名）犹豫了一会说："我也考虑过招人，但是存在一个现实问题：即使将优秀的 IT 人才招进来，他们也需要花费很长时间去熟悉公司的业务和流程，这样一来，反而降低了工作效率。我们现有人员，虽然技术能力参差不齐，但好在各个专业领域都有精兵强将，而且对公司运营管理非常熟悉。我觉得，最佳的策略是，以现有团队人员为主，外部招聘为辅，相互学习、取长补短，共同完成系统研发。"

接下来，开发团队按这一思路有序推进工作。一段时间后，团队人员的技术和项目管理能力都得到大幅提升，新加入的人员也积极贡献自己的想法。大家在共同努力下，提前完成了管理运营系统的开发项目。

这次成功经历，让老张和他的团队明白，在做出决策之后，迅速、高效、有力的行动是取得胜利的关键。

"躬身入局，挺膺担当"是对管理者行动力的基本要求。管理者深入业务场景，和团队成员共同直面挑战、承担责任、克服困难、解决问题，可以驱动团队勇敢向前，推动企业不断创新和发展。

故事二：在行动中找答案

在面临艰巨的任务时，纠结于问题本身，并不能带来实质性的进展。立即行动，并在行动中寻找答案是一种更为有效的策略。比如，想要得到别人的帮助，需要我们自己先有计划与想法，甚至展示出阶段性结果，作为获取别人支持的"武器"。

近几年，为顺应数字化转型趋势，外方实施了管理平台上的云计划，要求各区域部署系统升级、集中管理。亚太区作为重要业务区域，也在积极推进这一计划。

　　由于技术平台的集中化，一些权限的分离变得复杂和困难，我们中国公司的现场管理常常出现问题。技术部主管陈强（化名）向外方提出："如果大幅回收权限，会给体量较大的中国公司带来支持延迟、技术管理不透明等问题，能否在系统方面对中国公司做特殊处理？"

　　对于外方来说，分离权限既会在技术上遇到实际困难，又不利于全球策略的管理一致性，也就是说既会增加外方的工作难度，又会降低外方的可控性。

　　为解决该问题，陈强一边积极配合外方部署系统，完成技术平台统一，一边向外方系统实施人员说明中国公司特殊的业务管理模式，希望得到他们的理解和支持，协助配置例外规则。

　　在陈强的不断努力下，外方同意考虑我们中国公司实际运营的情况，采取个性化的系统管理方案。经过多次技术层面的沟通，最终技术部在系统中分离建立出几十个权限组，并对各类后台权限进行细分，在满足安全层级管理的前提下，尽量做到让中国公司有处理问题的独立权限。这样，不仅建立了有效的沟通机制，而且能有效避免出现支持延误。

　　对于决策的执行，管理者需要有坚决彻底的态度，但同时也要充分考虑执行中的细节：哪些是前提条件、哪些是关键控制点，团队人员的职责边界和沟通衔接是否清晰顺畅。每处细节都要在执行过程中，结合实际情况及时调整，确保决策的顺利执行。

管理者在决策的执行中，需要展示出知行合一的行动力。只设立决策目标而不去行动，只会让决策停留在纸面上，无法真正落地实施。管理者应该以身作则，用实际行动去赢得团队的信任。同时，管理者的行动力也能激励团队成员变得更加积极和富有行动力，推动团队的进步和发展。

管理点评

企业确定战略目标后，按照工作流程或者时间顺序将其分解到各层级、各部门，甚至到具体的个人，是确保目标实现的基础和关键。

在目标推行过程中，作为具体执行人，中基层管理者切忌在掌握执行方向和工作要点前就带领团队盲目行动。结合自身实际和现有资源，系统分析、缜密思考、制定切实可行的行动方案是首要任务。

在执行任务时，执行人通常会遇到很多困难和挑战。纠结于问题的细节，不但会耗费大量时间，而且会使问题更复杂化。在实际行动中不断尝试和调整，有助于更快地找到解决问题的途径，推动任务的顺利完成。

高效组织的"衡"与"破"

如何让复杂的组织具有高效表现？如何让不同的职能部门在合作中达到意见统一？

首先要明确的是，组织建设的核心是人力资本。企业就像由无数的细胞型组织组成的复杂生物体，每个细胞都承担着特定的功能，而它们之间的合作紧密程度，直接决定了整个生物体，也就是企业的健康状况和运行效率。

组织可以通过更灵活、更适合当前内外环境的方法激活人力资本，使每位员工都能发挥出最大的潜力，实现组织的高效运行。

程颐认为："不偏之谓中，不易之谓庸。"《中庸》云："中也者，天下之大本也；和也者，天下之达道也。致中和，天地位焉，万物育焉。"组织在解决灵活性和制度约束性方面的冲突时，需要掌握平衡管理之道。在复杂中寻求规律，在混乱中明确目标，在争论中理清头绪，在理解中达成共识。

故事一：效率和制度平衡

企业无论处于何种发展阶段，都会面临很多挑战。其中最为关键的挑战之一，就是企业内部的管理效能与组织的发展速度是否匹配。这是每位管理者必须面对的严肃课题，更是企业持续、健康发展的重要保障。

前段时间，公司事业部在一个经销商的引入工作上耗时长达 2 个多月。作为直属管理者，陈强（化名）立即组织展开内部自查，结果发现，类似的案例竟然还有四个。

经过后续沟通，陈强发现，拖延的团队成员也有很多无奈和苦衷。

"其实我们也不想耗这么长时间，但整个项目的流程太长了，每道环节都需要和不同的负责人确认才能通过，我们也很无奈啊！"

"各个部门都有自己的工作安排，排队审批是正常的事情，更何况一个工单需要好几个部门的审批，只能一个一个去找，肯定影响进度啊！"

陈强和团队成员对事业部工作申请和审批流程进行梳理和论证之后，发现过于冗长、复杂的流程是导致工作效率低下的关键原因。

研究后，他们提出了改进意见：首先，制定申请及审批标准，设专人管控进度；其次，在流程中开设绿色通道，实施"特事特办"机制，如果在实操中有解决不了的困难，需及时报上一级管理者进行决策；最后，对常规工作事项设立必要的完成时限，任何关键环节异常超期，相关责任人应主动去解决，而不是依赖上级监督或相关方投诉。

组织内的"管理平衡"强调的是在管理过程中要找到一种恰当的平衡点，让员工能够专注于那些真正有价值、能够带来高效能的工作。团队的各级管理者需要时刻掌握"管理平衡"，不能一味地循规蹈矩，要在兼顾效率和质量的前提下，结合实际制定相应的工作策略。同时，管理者也要密切关注团队是否有"管理失衡"现象，并以开放的心态引导团队成员，使他们不仅能够遵守规定，而且能根据实际情况灵活应对，实现规定与实际需求的和谐统一。

当高效成为每个团队、每个成员的习惯和行为模式时，它将会为企业带来积极的、深远的影响。

故事二：采购发电机

在面对复杂多变的环境时，管理者既要看到事物变化发展的差异性和矛盾性，又要确保各项职能得到有效的发挥。找到这两者之间的平衡点，可以推动组织的发展和进步。

我们公司在建设综合生产基地时，根据日常运维的需求，需要购置一台发电机，以实现应急双路供电。经过缜密的调研和思考，工程部主管老王（化名）向采购部主管江南（化名）提供了一个方案。该方案计划详细，但预算费用却很高，这是因为方案推荐的发电机功率大，又是高端合资品牌。

看到方案后，江南犹豫了许久，说："现在的预算费用还是有点高，我们是否可以再降低一下采购费用？"

项目经理皱眉说："要想用得长久，还是建议用高端合资品牌。"

江南想，也许还会有更好的方案："我们再一起想想其他降低成本的办法吧。"于是他拉着项目经理和老王对项目又进行了细致的分析。

首先，采购发电机的动机是保障短时断电时核心设备的持续供电，如冷库、IT 机房、洁净厂房的空调暖通等，但并不是保障所有设备不断电，如照明等设备可以断电。

其次，在设备功率的核算上，不能将所有设备的最大功率进行简单加和，因为所有设备同时达到峰值功率的概率微乎其微。

最后，设备的使用时间有限。这台发电机的应用场景是断电时应急使用，一年可能也用不上一次。这台发电机既不用保证生产基地 100% 正常供电，也不用保障日常供电。

通过层层分析，老王和项目经理、江南达成了一致意见。

项目经理说："当时选择发电机时，我们主要考虑技术指标，忽略了资金成本和时间成本等因素。"

经过再次测算和修正，老王重新提交了一个方案，推荐选用了中档本土品牌发电机，成本也因此大幅削减。

企业管理的核心，表面上是对事物的诊断、分析、管理，实际上是在进行交流和互动。这个过程中，每个人的背景、经验、立场不同，难免会出现一些原则冲突、看问题角度的冲突、做事习惯的冲突等。

因此，管理者在处理各种冲突关系时寻找"平衡"之道至关重要。而所谓的"平衡"之道，就是在充分理解事务详情的基础上，全面兼顾各方利益和需求，避免偏激和片面，进而推动事务朝着理想的状态发展。

管理者要遵循系统规律，抓住合适的时机，整合团队资源，并加强团队内部联动，寻找到最合适的平衡支点，撬动整个团队力量，推动企业高质量发展。

管理点评

组织高效的概念，起源于"人力资本是组织竞争优势的重要来源"这一观点，强调人力资本在组织发展中的核心地位。

人力资本与"物质资本"相对，体现在员工的知识技能、文化水平与健康状况等方面，是组织中最具活力和创造力的部分。

通过提升员工的工作效率、创新能力和团队协作水平，可以实现组织高效这一目的。

当企业规模不断扩大，组织架构和组织关系会变得越来越复杂。在优化流程、提高决策效率、加强团队协作的同时，企业需要有效地管理和运用人力资本，使复杂的组织维持高效运转，进而在激烈的市场中保持竞争优势。

长期目标，"决策的决策"

"深念远虑兮，胜乃可必。"这句话深刻揭示了战略远见的重要意义。管理者在决策的过程中，经常面对短期利益和长期利益的冲突，如何平衡两者之间的关系，是最难解的问题。

很多时候，限于认知局限和短期思维，看似有效的"快速决策"，解除了眼前的矛盾冲突。但是"后遗症"往往会在一个不确定的时间爆发出来，阻碍企业的发展。

因此，管理者需要通过不断的学习和实践，总结决策经验，修炼自身的决策能力。首要任务就是培养战略思维。它能够帮助管理者从全局和长远的角度看待问题，通过制定明确的战略目标和规划，实现价值的最大化。

决策过程中，管理者还需要综合考虑各种因素，包括短期利益与长期利益的平衡、企业利益与客户利益的协调等，做出更符合企业整体利益和长远发展的决策。

故事一：决策的"长尾思维"

管理者每做出一个决策，都要充分考虑风险。越是重大决策，越要多角度、全方位分析问题，更要保持长远的战略思维。

有一次，在一家医院的供应商沟通群里，老陈（化名）收到了一份降价承诺函。承诺函中写道："根据政府部门的要求，项目成本不能超过规定的上限，请各公司主动对中标产品的价格做出调整。"

"我们的产品价格已经很低了，怎么又要降价，如果低于公司的价格控制红线，业务还要不要做？如果不做，会直接损失几百万元的销售额，这又将如何弥补？"面对近期频频降价的危机，老陈压力很大。

政府对医疗产品实施价格控制，市场竞争日趋白热化，而且公司的客户大多是有较大影响力的大医院，公司议价非常困难。面对这些挑战，如果坚持不降价，则可能会面临出局的风险。但全盘接受，又可能引发全国性降价的风险。是接受降价还是放弃这个项目？老陈陷入两难境地。

老陈迅速召集了市场部门和供应链部门展开深入讨论，并将部门意见收集整理后上报给公司管理层，请求决策。很快，公司管理层给出了明确指示：降价是必然趋势，但要遵循循序渐进的原则，为国产化进程的推进争取时间。在目前阶段，哪怕短期内牺牲一些业绩，来维持全国层面健康的价格体系，也是非常值得的。

对于管理层的指示，老陈再次会同市场部门、供应链部门的主管进行了深入讨论，总结出做一项管理决策需要考虑三个维度：首先是对内外环境变化和趋势的预判和应对准备；其次是"长尾思维"，即所谓的远见；最后是充分考虑决策实施过程中的长短期平衡。

决策者既是具体问题的解决者，又是企业战略的谋划者。遇到问题不仅要深入研究并身体力行地解决问题，而且要具备高瞻远瞩的战略眼光。

故事二：大型号仪器

《论语·卫灵公》有云："人无远虑，必有近忧。"对于企业来说，每一个决策都承载着深远的影响，它们不仅关乎当下的运营和效益，更直接关系到企业未来的命运和成果。

我们公司的产品主要应用在医院的检验科，相较于其他很多行业，检验设备的自动化程度并不高。尤其在十年前，很多检测项目都依靠人工或半自动仪器来完成。

随着检测量不断提升，检验医生的工作量也与日俱增，原有的检测设备已无法满足医院对检测效率和质量的需求。因此，公司决定自行研发一款全自动仪器优化检测流程，实现日常检测"无人值守"，缓解检验医生的工作压力。

研发部接到这个任务后，很快制定出设计方案。

在评审会上，有位同事问道："这个仪器的通量[⊖]是多少？"

　　⊖　通量，指单次检测的最大标本量。

研发同事回答："每批次可检测 100 个。"

"100 个？可是现在能达到这个检测量的客户，全国不超过 10 家医院，是不是做得有点儿大了？"

"这个我们确实考虑了，虽然有一些大，但是参考了市面上的一些仪器后得出的结论。"研发同事回答道。

"可是那些仪器的应用领域，和我们的还是有差别的，不能简单借鉴。"这位同事还有些质疑。

这时，研发部主管表示："刚才这位同事讲得很好，我们确实要考虑市场情况，贴近客户需求，才能设计出合适的仪器。不过，这个问题，我已经和管理层详细沟通过了，根据近三年销量增长趋势，以及对客户端的产品使用情况的调研，我们判断，三年内，至少会有 100 家客户适配这款仪器。这一点，也得到了市场部的认可。当然，我们会同时考虑小型号仪器，但是毕竟大客户才更亟须自动化，所以我们会优先启动这一款大型号仪器的开发。"经过这一番解释，大家都明白了设计的依据，也都接受了此方案。

一年后，这款大型号仪器成了市场热款，满足了标本量激增的客户的自动化需求。

当我们在规划和制定方案时，多想一点儿、想远一点儿，这种前瞻性的思维方式能够帮助我们预见未来的趋势和需求，制定出更加全面和具有长远效益的方案。

管理点评

企业是由各个小型单元组成的商业组织，每个小型组织的管理者都需要对本部门的业绩负责。在做决策时，他们往往关注本部门的局部利益和短期目标，而忽略了全局性和长远性。

为解决这个问题，企业在重大问题上可以采用上下决策的模式。部门管理者需要与上级管理层甚至整个企业的战略方向保持一致，共同参与决策过程，这样能够帮助部门管理者学习和掌握决策的战略远见思维能力。

管理者能不被眼前利益所迷惑，理解企业的价值是通过客户价值实现的，就能平衡好短期利益与长期利益、企业利益与客户利益之间的复杂关系，决策就有了方向，也就不会陷入"决策煎熬"了。

解决方案隐藏在问题中

日常工作中，出现问题和困难是常态，甚至可以说，问题就是工作的一部分。出现问题不可怕，重要的是如何明察秋毫，防微杜渐，分析问题所关联的人、事，找到问题的根结，迅速厘清逻辑，快速找到合适的解决方法。

故事一：一笔应收账款

要解决问题，就要抓住主要矛盾。只要找到了问题的症结所在，很多困难就能迎刃而解。

前段时间，财务部在清理应收账款的时候，发现有一家医院的应收账款拖欠了许久，要求销售部门尽快清账。销售部主管小齐（化名）将这项任务交给了刚入职的销售员小军（化名）。小军到了该院检验科装备处，想了解回款的具体情况。对方听到小军的身份后，态度就非常冷漠，还没等他说明具体情况，就以工作忙为由请小军赶紧离开，这让刚上岗的小军感觉特别委屈。

回到公司，小军向小齐反馈了情况。小齐建议小军先去了解该医院的相关情况，特别是回款流程。如何了解医院的付款流程呢？经多方询问了解后，小军决定以检验科作为突破口，但多次拜访检验科都吃了闭门羹。

"这可怎么办？再这样拖下去，就要错过清账时限了。"

正在一筹莫展的时候，他忽然想到，公司每周一都会给检验科送货，如果能和送货的外勤一起去的话，那么就可以接触到检验科的人了。到了周一，小军搭乘物流车和送货的同事一起到检验科送货，借着卸货的时机，小军终于"侦查"到了问题根源——公司和医院的供需信息不对称，导致送货量和对方最低备货要求之间存在"冲突"。

了解到问题的症结之后，小军带着解决方案回到公司向小齐汇报，提议为该院调配专库备货。小齐采纳了他的建议，有效解决了该医院的缺货问题。后来，该医院就诊人数骤增，库存试剂又出现了短缺的情况，小军立即与其他客户和代理商协调，临时调度了试剂盒，解决了客户的燃眉之急。

公司从客户需求出发，不断为客户解决实际问题，最终得到了客户的理解和肯定。在小军的不懈努力之下，那笔应收账款也安全到账了。

发现问题想办法解决问题，刨根问底找原因，也许一个关键点的突破，就能打开成功的大门。

故事二：控制节点的"奥秘"

完善的计划并不意味着完美的实施，尤其是在处理复杂事情时，这一点尤为明显。复杂的事情往往涉及多个团队、多个专业的紧密合作，这使得计划的执行过程充满了挑战和变数。

为推进一款新品的上市计划，积累临床应用数据，市场部决定与多家医院联合开展该产品临床应用的多中心科研项目。

由于项目复杂，涉及多个职能部门的同事参与，有撰写方案的医学事务人员、数据管理统计人员、产品应用的技术支持人员、负责和各试验中心对接的销售员以及财务人员等。

在项目起始阶段，项目组对各区域的销售员进行了试验方案摘要和医院筛选标准的培训，要求尽快启动医院对接和筛选工作。

过了两个月，陆续接到的却是一些医院的负面反馈。

"为什么这个项目没有动静了？"

"以前有人来做过该项目实施的调研，调研结束后就没有消息了。"

"这个项目到底还做不做？"

对于一连串的问题，项目负责人晓华（化名）梳理出了医院数量庞大、前期准备工作多等原因，并逐个向医院做了回复。

但很快，来自团队内部的反馈也陆续涌来。

"工作太多，时间安排不开。"

"既然目前项目不开展，我们就把时间和精力放到其他工作上了。"

面对内、外部的抱怨，晓华的主管和他一起分析总结，发现种种问题的原因在于：没有进行过程管理，没有要求项目各协作部门及时更新进展。虽然做了项目计划和各方人员的分工，但是对于项目实施过程中的变化和调整，没有及时与各方进行有效沟通，导致相关工作人员对项目进展情况不清楚。

找出原因后，晓华统筹制定了各方的进展时间点，并及时公示，使得每个部门的对接更加顺畅，项目也得以有序地推进。

面对复杂的工作，全面系统的规划和及时有效的沟通协调是工作顺利开展的保障。注重过程管理，做好节点把控，可以让工作变得简单高效。

管理点评

想要解决问题，首先要找到问题的症结。那何谓"问题的症结"？一切问题的症结都在于人、事。找到问题的根源，厘清人、事之间的逻辑，能够一招制胜，快速找到解决方案。

但有时候，表面上看是人的问题，比如误解、沟通不畅、主动性不高，但是深入调查研究后，会发现问题隐藏在事上，如没有合理的反馈机制、沟通机制和激励机制等，尤其在企业运营过程中，很多问题往往隐藏在具体事务里，而非纯粹的人的问题。

当然，事务性问题比较常见，但通常具有明确的操作步骤和评价标准，因此相对容易解决。相比之下，人的问题往往涉及情感、价值观、利益等复杂因素，解决起来更具挑战性。解决人的问题的关键在于抓住主要矛盾。想解决人的问题，要多从具体的事上下功夫，找到问题的症结，问题就能迎刃而解了。

避开成本控制和风险管理中的暗礁

《尉缭子》有言："无困在于豫备。"这句话讲的是，提前有所准备，才能不陷于危困之中。项目风险管理，就是通过对潜在风险的预判，提前做好规划，避免风险的实际发生。

而风险管理的最终目的是成本控制。成本控制是一个全方位的概念，包含对经济成本、时间成本、效率成本的有效管控。成本管理不只是管理层的职责，而是需要全体成员共同参与。在企业实际运营过程的方方面面，每个人都保持成本意识，可以实现企业整体利润的最大化。

故事一：价格体系建设

"凡事预则立，不预则废。"这句话深刻揭示了提前准备、做好规划的重要性。无论是处理个人的日常生活，还是应对组织的复杂项目，都需要有前瞻性的思考和行动。

我们公司的主要业务是生产和销售体外诊断试剂，由于医疗行业的特殊性，其价格体系是受政府监管的。而各省的经济发展水平不同，医疗机构的收费标准也各有不同，甚至差异较大。因此，我们公司的产品在各省的销售价格参差不齐，甚至在一个省内也可能有一定的差异。

近年来，随着医药卫生改革的不断深入，加上采购系统日趋信息化和网络化，医疗器械采购价格越来越统一，各地医院相继提出降价要求，这对我们公司的成本控制工作提出了新的挑战。

其实，早在十年前，公司管理层就发现了产品价格体系急需系统管理，虽然有客观因素，但之前的价格管理意识确实不够。如果没有系统的产品价格体系，会导致各销售渠道利益不平衡，直接影响公司的利润。根据当时的情况，市场部牵头集中梳理了公司近百种产品的近万条价格，根据成本、收费、竞争等多个因素，制定了不同的终端报价和经销报价，并分配了不同级别人员的价格审批权限，这样就保证了新的产品能有相对稳定的价格体系。同时，市场部还整理了目前产品的异常价格，通过各种措施进行了调整，该下调的下调，该清理的清理。经过几年的持续努力，产品价格体系初步成形，价格管理体系也趋于成熟。

近几年，国家深化医药卫生体制改革，我们公司的产品价格体系也因此经历着更大的考验。值得欣慰的是，由于价格体系框架已基本完成，并且有明确的市场定位和目标客户，所以能够快速制定更具竞争力的价格策略，吸引和留住客户。同时，价格体系框架有助于公司更好地控制成本，通过制定合理的价格梯度，实现整体利润的最大化。

在市场竞争日益激烈的大环境下，那些能够提前做好准备的公司，在面临风险和挑战时，能够展现出更强的韧性和更高的成功概率。

故事二：断网

时刻做好应急准备，对于任何组织或企业来说都是至关重要的。在变化莫测的市场环境中，风险无处不在，每一份准备、每一次预案的细化和演练，都是我们应对风险、保持底气和从容的重要保障。

有一次，我们公司的网络工程师小赵（化名）接到同事打来的报错电话，说所有使用外部网络的员工突然无法使用公司内部的邮件系统、会议系统、审批系统，导致很多工作无法正常开展。

"怎么系统突然用不了了？我这个业务流程还没有走完啊！"

"怎么突然崩了？提交报表的截止时间马上就到了，这可怎么办……"

员工需要使用公司的各种系统处理日常工作，网络故障让大家一下子慌了手脚。小赵和其他工程师马上展开原因调查，结果发现网络管控的措施与集团系统设备国际统一管理模式存在冲突，经查询是相关部门对公司的网络进行了管制，而北京数据中心正是集团主要系统的运行基地。

小赵虽然及时找到了断网的原因，但由于国际业务管理模式不能满足管控需求，外部系统不能马上恢复。按照正常的处理流程，预估需要 1~2 个月的时间才能全面排除问题。如果这么长时间都无法支持京外的员工正常访问业务系统，那么给公司带来的损失将不可估量！如何快速恢复公司网络呢？小赵想到了几年前准备的应急预案。

几年前，基于对网络管控的了解，凭借专业敏感度，小赵和其他专业工程师提前准备了部分预案。虽然那时并不知道未来会发生什么紧急情况，也不知道故障会以什么形式出现，但仍然对一些网络资源进行了避险处理，并对应急方案进行了模拟演练。这次断网后，小赵和同事们依据这个应急预案，针对管控技术的相关细节，利用已储备的部分资源，仅仅在4天内就完成了部分关键系统的恢复。之后，通过与质量部门的高效协作，所有系统都在两周内安全、全面地恢复运行，远低于预期的排障时间。

这次断网事件，让我们对风险的防范及管理有了清晰的认知。保障企业网络安全，除了要加强网络安全体系建设、做好事前网络安全防护外，建立网络安全态势感知及相应的应急预案，也至关重要。

在风险管理的实践中，我们应该摒弃侥幸心理，采取未雨绸缪的策略。通过提前进行风险管理及制订相关的风险控制措施，预防风险的发生，或在风险发生时迅速应对，减少损失。

管理点评

成本管控需要从全局和长远的角度进行考虑，而不只是关注某一阶段的成本节省。如果仅仅为了眼前利益，而忽视了对整体效益的评估，可能会导致后期投入大量成本进行补救，甚至面临推倒重来的困境。这种短视的行为不仅会增加项目的风险和不确定性，还可能对企业的声誉和长期发展造成负面影响。

成本管控是为了实现收益平衡，而不是脱离企业及项目的实际情况盲目降低成本。在管控的过程中，我们需要科学考虑、统筹规划，并进行全周期成本的核算，实现效益最大化。

考虑与尊重其他相关部门的成本，并具有大局观，也是企业在成本控制方面需要重视的关键点。成本不仅是金钱的投入，还包括有效工作时间、工作效率等多个方面，这些都直接或者间接影响着企业整体的成本。

成本是代价和能力的体现，代表着组织持续经营和运作的综合能力，它是组织参与市场竞争、实现持续生存和发展的重要武器。企业需要建立正确的成本意识和成本文化，让每个员工都认识到成本控制的重要性，并积极参与到成本控制中来。

企业在实际经营中对风险的管理和控制是至关重要的。前期对风险的分析、辨识和评估，能为风险发生时对其进行控制和应对提供有力依据。

风险管理贯穿项目实施的整个过程，需要我们不断地识别风险，制定相应的预案或改进计划，来预防风险的发生。

成本管理和风险管理是企业经营管理中的两大核心任务，

它们相互影响、相互补充。有效的风险管理可以减少不必要的成本支出，避免因风险事件导致的额外成本；合理的成本管理有助于增强企业的抗风险能力，为应对潜在风险提供资金保障。避开成本控制和风险管理中隐藏的"暗礁"，可以让企业发展更加稳健。